HISTORIA ECONÓMICA
DE AMÉRICA LATINA

CRÍTICA / Historia
Director: JOSEP FONTANA

CIRO FLAMARION S. CARDOSO
HÉCTOR PÉREZ BRIGNOLI

HISTORIA ECONÓMICA
DE AMÉRICA LATINA

Tomo II

Economías de exportación y desarrollo capitalista

EDITORIAL CRÍTICA
Grupo editorial Grijalbo
BARCELONA

1.ª edición: noviembre de 1979
2.ª edición: noviembre de 1981
3.ª edición: octubre de 1984
4.ª edición: septiembre de 1987

Cubierta: Alberto Corazón
© 1979: Ciro Flamarion Santana Cardoso, México, D. F.
        Héctor Pérez Brignoli, San José (Costa Rica)
© 1979: Editorial Crítica, S. A., Aragó, 385, 08013 Barcelona
ISBN: 84-7423-105-1 obra completa
ISBN: 84-7423-104-3 tomo II
Depósito legal: B. 28.135-1987
Impreso en España
1987. — Diagràfic, S. A., Constitució, 19, 08014 Barcelona

Capítulo 4

LA TRANSICIÓN AL CAPITALISMO PERIFÉRICO
(Siglo XIX)

A) LAS BASES DE LA TRANSICIÓN

Economía atlántica y revolución industrial

La independencia de las trece colonias en 1776, la revolución industrial en Gran Bretaña, la agitada política y las guerras europeas en el período 1792-1815, constituyen tres determinantes esenciales en la evolución del mundo colonial americano a fines del siglo XVIII.

La independencia de los Estados Unidos, reconocida en el tratado de Versalles (1783), muestra no sólo una ruptura exitosa del dominio colonial; ofrece también, en lo sucesivo, un modelo de sociedad y de instituciones que connotará profundamente el horizonte ideológico de las futuras clases dominantes de América latina. La revuelta de Haití (1791), consolidada en 1804, sigue de cerca el ejemplo norteamericano en cuanto nueva grieta en el tambaleante edificio de los imperios coloniales. Pero constituye, al mismo tiempo, una advertencia clara en cuanto a la profundidad posible de los cambios sociales en ciernes, que terratenientes, comerciantes y militares de las regiones vecinas escucharon con atención.

La Revolución francesa y el imperio napoleónico tienen, en el campo político e ideológico, un impacto tan inmenso como di-

fícil de establecer con precisión.[1] Ciertos efectos, más inmediatos
porque derivan de los avatares de las guerras europeas, nos revelan
una metrópoli exhausta en el poderío militar y desgarrada en las
confrontaciones internas. Trafalgar (1805), mucho más que Ba-
yona (1808), sellará la suerte de las Indias; el aislamiento político
y económico será ahora mucho más permanente que en la década
anterior.

La revolución industrial provocará transformaciones fundamentales en el comercio y en las relaciones internacionales. Los
mercados coloniales, y en particular los de América latina, desem-
peñarán un papel primordial en el consumo de los textiles de la
primera fase de la industrialización.[2] El algodón, materia prima
básica en ese proceso de expansión, será también un producto de
la periferia: el sur de los Estados Unidos, las Antillas, la India, etc.
Esta inusitada expansión de los intercambios dependió estrechamente del predominio naval y de una red comercial y financiera
cada vez más compleja, controlada por los capitales británicos.[3]
Se van así configurando los elementos esenciales de una nueva división internacional del trabajo, que tendría como centro neurálgi-
co a la industria británica, «fábrica del mundo». Pero la constitución definitiva del modelo exigirá todavía dos componentes que
aparecen más tarde: la imposición del *free trade,* después de 1846,
y la afluencia masiva de inversiones a los países de la periferia.[4]

1. Hobsbawm localiza tres ciclos revolucionarios: 1820-1824, 1829-1834
y 1848, como herencia directa de la revolución francesa; cf. Eric J. Hobsbawm, *Las revoluciones burguesas,* trad. F. Ximénez, Guadarrama, Madrid,
1971², cap. VI.
2. Cf. Eric J. Hobsbawm, *Industria e imperio,* trad. G. Pontón, Ariel,
Barcelona, 1977, caps. IV y VII; Phyllis Deane, *La primera revolución industrial,* trad. Solé Tura, Península, Barcelona, 1975³, cap. IV.
3. Cf. Hobsbawm, *op. cit.;* P. Deane, *op. cit.;* R. G. Albion, «British
Shipping and Latin America, 1806-1914», en *Journal of Economic History,*
vol. XI, 1951, pp. 361-374; la penetración de los comerciantes británicos
en América latina está magníficamente analizada en Tulio Halperin Donghi,
Hispanoamérica después de la Independencia, Paidós, Buenos Aires, 1972,
pp. 84-96; D. C. M. Platt, *Latin America and British Trade 1806-1914,* Adam
and Charles Black, Londres, 1972.
4. Cf. Leland H. Jenks, *The Migration of British Capital to 1875,* Thomas Nelson and Sons, Londres, 1963 (1.ª edic. 1927); A. H. Imlah, *Economic
Elements in the Pax Britannica,* Harvard University Press, Cambridge, 1958;
A. K. Cairncross, *Home and Foreign Investment, 1870-1913,* Cambridge

El auge americano del siglo XVIII

Para América latina en su conjunto, la segunda mitad del siglo XVIII es una época de prosperidad general. El crecimiento de la población, notorio en Brasil desde 1700, y en Hispanoamérica desde 1750[5] contrasta con la catástrofe del siglo anterior. La producción y el comercio se expanden continuamente, sobre todo en las áreas periféricas: el norte de México, la Florida y Louisiana, el Río de la Plata, el sur de Chile, ciertas regiones de Nueva Granada y Venezuela. En Brasil el oro y los diamantes dominan las actividades económicas hasta 1760; los centros mineros darán origen a un conjunto de actividades subsidiarias: ganadería, agricultura, artesanías, etc., de cierta complejidad. En el conjunto se puede hablar, por referencia a las líneas de fuerza de la economía colonial en las etapas anteriores, de un desplazamiento regional hacia el Atlántico y el Caribe.[6] En otros términos, la vocación de las economías coloniales tiene ahora, a través de un tráfico cada vez más diversificado, de muchos más puertos y rutas, un abanico de posibilidades insospechadas.

El dinamismo de algunos rubros de exportación: cueros del Río de la Plata, cacao de Venezuela, plata de México, etc., no puede ocultar la reactivación de muchas industrias artesanales que abastecen las regiones exportadoras y los núcleos urbanos en expansión. Entre el monopolio del comercio legal y el contrabando todavía hay considerables intersticios para esas primitivas actividades industriales.

Los reajustes imperiales que acompañaron a este auge económico se conocen, corrientemente, con el nombre de reformas

---

University Press, 1953; A. G. Kenwood y A. L. Lougheed, *Historia del desarrollo económico internacional*, trad. E. de la Fuente, Istmo, Madrid, 1973 (2 vols.).

5. Cf. Nicolás Sánchez Albornoz, *La población de América latina*, Alianza Editorial, Madrid, 1973, pp. 125-150.
6. Cf. Richard M. Morse, «Patrones de la urbanización latinoamericana: aproximaciones y generalizaciones tentativas», en Richard Morse (ed.), *Las ciudades latinoamericanas*, 2, Desarrollo histórico, Sep-Setentas, n.° 97, México, 1973, pp. 11-55; Tulio Halperin Donghi, *Historia contemporánea de América latina*, Alianza Editorial, Madrid, 1969. cap. I.

borbónicas y reformas pombalinas. El caso portugués muestra una simplicidad que no se percibe en Hispanoamérica. El tratado de Methuen (1703) consagra la subordinación a los intereses británicos, a cambio de la seguridad del imperio. El propio marqués de Pombal hablará, años más tarde, de un Portugal reducido a una estrecha dependencia de Inglaterra sin los inconvenientes de la conquista militar.[7] Los Borbones en cambio estuvieron animados no sólo por la ambición de renovar estructuras administrativas vetustas e ineficientes sino también por la idea de conservar y engrandecer el imperio, frente a las ambiciones inglesas. Existe una abundante bibliografía sobre las mencionadas reformas [8] y sobre los efectos concretos de su aplicación.[9] La conclusión que parece derivarse de los estudios más profundos y acuciosos es, no sólo la muy evidente de que los sueños de poderío imperial de «proyectistas» como Campillo y Ward, o los ministros de Carlos III, fracasaron, ya en la última década del siglo, sino también la de que los reajustes administrativos y fiscales tuvieron el efecto de entrabar notoriamente la prosperidad económica, y de desatar odios y rencores que los grupos sociales implicados difícilmente llegarían a olvidar después.

7.   Cf. A. K. Manchester, *British Prëeminence in Brazil, its rise and decline; a study in European expansion*, Chapel Hill, University of North Carolina Press, 1933, caps. I y II; Celso Furtado, *Formación económica del Brasil*, trad. D. Aguilera, F.C.E., México, 1962, pp. 40-46.

8.   Stanley y Barbara Stein, *La herencia colonial de América latina*, trad. A. Licona, Siglo XXI, México, 1970, pp. 83-117; Charles Gibson, *España en América*, trad. E. Obregón, Grijalbo, Barcelona, 1976, pp. 264-298; Eduardo Arcila Farías, *Reformas económicas del siglo XVIII en Nueva España*, Sep-Setentas, México, 1974² (2 vols); Marcelo Bitar Letayf, *Economistas españoles del siglo XVIII*, sus ideas sobre la libertad del comercio con Indias, Cultura Hispánica, Madrid, 1968.

9.   Cf. John Lynch, *Administración colonial española, 1782-1810*, el sistema de intendencias en el Río de la Plata, trad. G. Tjarks, Eudeba, Buenos Aires, 1967²; D. A. Brading, *Mineros y comerciantes en el México borbónico* (1763-1810), trad. R. Gómez, F.C.E., México, 1975; John R. Fisher, *Government and Society in Colonial Peru*, The Intendand System, 1784-1814, The Athlone Press, Londres, 1970; del mismo autor, *Minas y mineros en el Perú colonial, 1776-1824*, Instituto de estudios peruanos, Lima, 1977; Anthony McFarlane, «El comercio exterior del virreinato de la Nueva Granada: conflictos en la política económica de los Borbones (1783-1789)», en *Anuario Colombiano de Historia Social y de la Cultura*, Universidad Nacional de Colombia, n.º 67, Bogotá, 1971-72, pp. 69-116.

John Lynch ha propuesto una hipótesis estimulante, que ha sido retomada por autores como Brading y Bakewell.[10] Las reformas borbónicas habrían significado la «segunda conquista de América». Un gran esfuerzo por parte de España para volver a tomar a América en sus manos. El ataque frontal a ciertos privilegios de la Iglesia, la reorganización militar, la reforma administrativa, las oleadas de inmigración peninsular (burócratas y comerciantes) tenían un fin primordial: el de aprovechar al máximo los beneficios de la dominación colonial. Esta segunda ofensiva conquistadora no podría entenderse si no se afirma que a finales del siglo XVII «Hispanoamérica se había emancipado de su inicial dependencia». Las sociedades americanas empleaban sus recursos en su propia administración, defensa y economía; lograban apropiarse de una gran proporción de la riqueza que generaban. El gobierno colonial consistía, en realidad, en un verdadero compromiso entre la soberanía imperial y los intereses de los colonos. En esta perspectiva las reformas borbónicas pueden verse entonces como un supremo esfuerzo español por reencontrar el camino de la prosperidad a costa de las colonias. Exactamente ésta era la ambición de los «proyectistas» antes mencionados.

Si se acepta la tesis de Lynch se impone otra consecuencia de carácter general. Las bases estructurales que impulsan a todos los países latinoamericanos, durante el siglo XIX, a integrarse al mercado mundial como productores de materias primas, resultarían mucho más un legado de los reajustes imperiales del siglo XVIII que de la situación colonial anterior. No convendría olvidar que el impetuoso auge económico del siglo de las luces tuvo beneficiarios locales de significación. Estos terratenientes y comerciantes, que encabezarán las luchas por la independencia, serán, de ahora en adelante, los principales interesados en buscar un crecimiento económico basado en la expansión de las exportaciones. Es indudable que en este punto esencial los intereses nativos cada vez más poderosos coincidían con la política imperial; como aseveraba el virrey Revillagigedo:

10. John Lynch, *España bajo los Austrias*, Península, Barcelona, 1972, II, pp. 194-228; del mismo autor, *Las revoluciones hispanoamericanas, 1808-*

No debe perderse de vista que esto es una colonia que debe depender de su matriz, la España, y debe corresponder a ella con algunas utilidades, por los beneficios que recibe de su protección, y así se necesita gran tino para combinar esta dependencia y que se haga mutuo y recíproco el interés, lo cual cesaría en el momento que no se necesitase aquí de las manufacturas europeas y sus frutos.

El proceso de cambio social: características básicas

La transición al nuevo orden colonial quedará completada, en casi todos los países latinoamericanos, hacia fines del siglo XIX. Pocos procesos de nuestra historia presentan la complejidad y variedad de situaciones de este período de pasaje de una situación dependiente a otra, que se extiende, según los casos, a lo largo de una centuria. Cualquier intento de comparación exige definir ciertos criterios fundamentales, que ayuden a reconocer los tipos principales en cuanto al mencionado proceso de transición. La elección de esos criterios no es, naturalmente, independiente de la manera como se caracterice a las sociedades en el punto de partida y el de llegada. La referencia a los capítulos 3 y 5 de este texto resulta imprescindible para una visión más efectiva del conjunto.

En el proceso de vinculación al mercado mundial se distinguen dos fases diferentes.[11] La primera se extiende desde la independencia hasta mediados del siglo XIX y se caracteriza por la apertura al libre comercio, la entrada masiva de manufacturas británicas y la pérdida, en pocos años, de la masa de metal precioso circulante. La penuria de capitales y las elevadas tasas de interés son un rasgo habitual que indica, en cada caso, la debilidad de las exportaciones al mercado mundial y la reticencia profunda de los inversionistas ingleses, escarmentados sin duda por la crisis de 1825.

1826, trad. J. Alfaya, B. McShane, Ariel, Barcelona, 1976, pp. 9-35; D. A. Brading, *op. cit.*; P. J. Bakewell, *Minería y sociedad en el México colonial, Zacatecas (1546-1700)*, trad. R. Gómez, F.C.E., México, 1976.

11. Tulio Halperin Donghi, *op. cit.*, pp. 146-159 y pp. 207-216; del mismo autor, *Hispanoamérica después de la independencia*, cit., cap. II.

En estas condiciones sólo fueron viables unos pocos productos de exportación: aquellos que como la ganadería exigieron mínimas inversiones iniciales o los tintes (grana, añil) y minerales preciosos que aseguraban un producto de poco volumen y alto valor. Al no existir condiciones para modificar los sistemas de transporte interno, sólo fue posible reeditar actividades de raíz colonial, como es el caso del trigo y la minería chilenas, el café de Venezuela o del valle del Paraíba, del añil y la grana en América central.

La segunda fase se configura después del medio siglo: con la afluencia masiva de capitales extranjeros que se invierten en obras de infraestructura y en empréstitos a los gobiernos; y una fuerte demanda, en los países industrializados, para los productos primarios. En rigor ninguno de estos elementos es absolutamente nuevo, pero sí resulta inédita la escala de las transformaciones en juego.

El proceso de transición puede caracterizarse como un conjunto de cambios a nivel de la economía y la sociedad nacionales, exigidos para hacer posible la expansión en gran escala de las actividades exportadoras. Estas transformaciones se efectuaron a través de tres procesos básicos: la abolición de la esclavitud, la reforma liberal y la colonización de áreas vacías. Estos tres mecanismos están presentes, en mayor o menor grado, en los procesos de transición de todos los países latinoamericanos, pero sería ilusorio creer que en todos los casos operan en forma similar. En los países que durante el período colonial se caracterizaron por una economía centrada en la plantación esclavista, el problema de la abolición, en otros términos, la necesidad de un cambio radical en el mercado de trabajo, determinará las soluciones consideradas como posibles, para el conjunto más amplio de transformaciones exigidas: mercado de tierras, de capitales, legislación, etc. En los países con poblaciones indígenas densas el proceso de reforma liberal girará sobre todo en torno a la cuestión de la tierra. En mayor o menor grado la desposesión de la Iglesia y el avance sobre las tierras de las comunidades y la venta de baldíos, tendrán el doble efecto de crear simultáneamente una oferta de tierras y de mano de obra. Los casos de colonización en un área vacía se definirán ante todo por la necesidad de la inmigración masiva y, en casi todos los casos, por una apropiación preliminar de las tierras a poblar. En dos ejemplos, sin embargo —el valle central de Costa Rica y la Antioquia colombiana— el monto global de los inmigrantes es de poca significación.

B) LA ABOLICIÓN DE LA ESCLAVITUD

Como al hablar del esclavismo en la época colonial, nos limitaremos a aquellas regiones que tuvieron en la esclavitud negra el fundamento de las relaciones de producción.

1. LA DISOLUCIÓN DEL SISTEMA ESCLAVISTA: FACTORES CENTRALES

Fernando Henrique Cardoso define en tres puntos los límites de la elasticidad del esclavismo americano, es decir de su capacidad de cambiar y adaptarse sin pérdida de sus características estructurales fundamentales: [12]

a) que la trata negrera pueda seguir efectuándose, para que el mercado de mano de obra sea abastecido adecuadamente y a precios aceptables;

b) coyunturas económicas que propicien grandes ganancias sin que se necesite cambiar las estructuras productivas, caracterizadas por una «economía del despilfarro»;

c) que no se ejerza la competencia de una producción cuya mano de obra sea libre, asalariada: al desarrollarse, el capitalismo lleva a la destrucción del sistema esclavista.

Estos puntos se derivan del contraste entre «capitalismo racional» y «esclavitud irracional», y de la consideración de los requisitos indispensables para que una explotación esclavista resulte rentable, que hallamos en Max Weber y, anteriormente a éste, parcialmente en Marx.[13] Podemos tomarlos como base para nuestro

---

12. Fernando Henrique Cardoso, *Capitalismo e escravidao no Brasil meridional,* Difusão Européia do Livro, São Paulo, 1962, pp. 199-200, 308-311.

13. Cf. Ciro F. S. Cardoso, «El modo de producción esclavista colonial

análisis, tratando de verificar si definen efectivamente los límites del sistema esclavista.

a) Teniendo en cuenta las características del movimiento demográfico natural entre los esclavos en la mayoría de las sociedades esclavistas de América, resulta lógico considerar que la abolición de la trata, a la larga, asestaría un golpe irremediable al esclavismo americano.

Sobre la interpretación del largo proceso de abolición de la trata —y en particular de la prioridad y del papel activo, militante, de la Gran Bretaña en dicho proceso— se enfrentan dos posiciones opuestas.

El punto de vista tradicional es el de Ragatz y de Eric Williams, o sea la tesis que vincula el fin de la trata y posteriormente la abolición de la esclavitud al proceso de declinación de las Antillas azucareras en la segunda mitad del siglo XVIII y a principios del XIX. Con la revolución industrial, el mercado inglés pasó a ser cada vez más amplio, con tendencia a abarcar al mundo entero. Desde entonces, la posición relativa del Caribe británico en ese comercio tendió a perder importancia, tanto más cuanto las islas estaban intrínsecamente agotadas y decadentes debido a los efectos de la explotación extensiva del suelo. La trata seguía siendo una actividad importante para el puerto de Liverpool, pero lo era cada vez menos en el comercio británico total. Los intereses industriales ascendentes pasaron a combatir el mercantilismo en todas sus formas, chocando con los privilegios monopolistas antillanos y con el esclavismo colonial en su conjunto. Este contexto histórico global explicaría el éxito, en 1807, del movimiento abolicionista de la trata, cuya actuación caracterizada por diversas corrientes religiosas y humanitarias, y por líderes como Thomas Clarkson, James Ramsay, William Wilberforce, fue importante sobre todo en las tres últimas décadas del siglo XVIII y los primeros años del siglo siguiente. Explicaría también, poste-

---

en América», en varios autores, *Modos de producción en América latina*, Cuadernos de pasado y presente, Siglo XXI, Buenos Aires, n.º 40, mayo de 1973, pp. 193-242; Max Weber, *Economía y sociedad. Esbozo de sociología comprensiva*, trad. de J. M. Echeverría y otros, Fondo de Cultura Económica, México-Buenos Aires, 1964, I, pp. 131-132.

riormente, la abolición de la esclavitud (en 1833-1838) y de los privilegios mercantilistas de que gozaban las Antillas británicas (en 1846, al abolirse en Inglaterra el proteccionismo aduanal al azúcar de las islas). Esta teoría parecía muy lógica y coherente, y fue aceptada por diversos historiadores a partir de su exposición por E. Williams en 1944.[14]

Recientemente, sin embargo, Seymour Drescher lanzó un ataque demoledor contra ella, aunque limitándose a la etapa de la abolición de la trata. Apoyándose en curvas y cuadros estadísticos elocuentes, demostró: 1) que los intercambios entre la Gran Bretaña y sus Antillas, lejos de haber declinado entre la independencia de los Estados Unidos y la abolición de la trata, aumentaron mucho a fines del siglo XVIII y en seguida se estabilizaron a un nivel bastante más alto que el de la primera mitad del siglo (época de apogeo para Williams); esta prosperidad comercial se manifestaba no sólo en términos absolutos, sino también en el elevado porcentaje (incluso hasta 1822) que representaba en el conjunto del comercio británico; 2) el valor de la propiedad y de la producción esclavistas, en el mismo período, no disminuyó en las Antillas, sino aumentó sustancialmente; 3) el comercio de esclavos, y en general el comercio con África, practicado por los ingleses, llegó a su auge a principios del siglo XIX, en vísperas de la abolición de la trata; 4) el algodón bruto antillano fue más importante en las importaciones británicas que el norteamericano hasta los primeros años del siglo pasado; 5) la producción y el comercio azucarero del Caribe británico conocieron su apogeo en 1788-1815, ampliando Gran Bretaña su potencial esclavista con nuevas conquistas coloniales (1793-1806) que incluían amplia provisión de tierras vírgenes, compensando cualquier disminución de productividad en las «viejas» Antillas. En seguida, Drescher busca las causas de la abolición de la trata en los argumentos mismos de los debates parlamentarios británicos al respecto, entre 1788 y 1806. Dichos argumentos tenían que ver sobre

14. Cf. Eric Williams, *Capitalisme et esclavage*, Présence Africaine, París, 1968 (trad. cast.: Ed. Siglo Veinte, Buenos Aires); del mismo autor: *From Columbus to Castro: The History of the Caribbean, 1492-1969*, Harper & Row, Nueva York, 1970, caps. 16 y 17.

todo con los problemas morales, y la «hemorragia de hombres» que sufría África, a consecuencia de una prosperidad esclavista que nadie negaba; y con los peligros de revueltas masivas de los esclavos, semejantes a la de Saint-Domingue a partir de 1790. Los abolicionistas creían que la expansión económica a corto plazo desembocaría, ya sea en la revuelta, ya sea en una declinación de larga duración (ligada al crecimiento especulativo del endeudamiento de los plantadores).[15]

No cabe duda de que el trabajo de Drescher constituye una respuesta adecuada a la demostración economicista que Williams ofreció de su tesis, y que sus argumentos estadísticos son probablemente decisivos para un debate a ese nivel. Nos parece, con todo, que el autor comparte la incapacidad demostrada por la escuela econométrica norteamericana en todos sus trabajos históricos, de vislumbrar un proceso en toda su amplitud. La tendencia metodológica de esa escuela, que desconfía de cualquier explicación de conjunto, consiste en interpretar episodios histórico-económicos aislados de la totalidad social, de lo que resulta la fragmentación de la historia económica en pequeños sectores o compartimentos, cada uno tratado en sí y por sí mismo. En el caso que nos interesa, el telón de fondo está constituido por un proceso de dimensiones macro-históricas y mundiales: el advenimiento del capitalismo como sistema dominante, lo que modifica —no simultáneamente, desde luego— todos los niveles de la estructura social, inclusive la ética y las representaciones mentales colectivas relativas a la mano de obra y al trabajo. En este nivel estructural más amplio, argumentos basados en una bonanza coyuntural son netamente insuficientes como para negar, por ejemplo, que se haya dado un conflicto entre el capitalismo ascendente y *todos los aspectos* del «antiguo régimen» económico. El trabajo de Williams nos parece correcto en sus consideraciones históricas más amplias, pero su error consistió en hacer depender su demostración de un marco estrecho, limitado a los problemas del comercio de la Gran

---

15. Seymour Drescher, «Le "déclin" du systeme esclavagiste britannique et l'abolition de la traite», trad. de C. Carlier, en *Annales, E.S.C.*, marzo-abril de 1976, pp. 414-435.

Bretaña con sus colonias y de la pretendida decadencia antillana. Al razonar en un contexto histórico global, las consideraciones humanitarias y morales de los abolicionistas tienen su lugar y son lógicas, pero carece de sentido manejar en abstracto una «causalidad ética». No es una coincidencia que el país más avanzado en las transformaciones capitalistas haya tomado la delantera en las iniciativas contra la trata y en seguida la esclavitud colonial: ello forma un bloque con la abolición de las *Corn laws,* de los gremios, de las actas de navegación, etc., más allá de cualquier consideración estadística sectorial. Sería ridículo considerar que Inglaterra era «intrínsecamente» más «ética» comparándola con las demás metrópolis...

La trata británica fue abolida en 1807, y desde entonces la Gran Bretaña pasó a ejercer presiones sobre las demás potencias, y después sobre los nuevos países americanos, para que hicieran lo mismo. Las presiones variaron desde la diplomacia y los argumentos financieros (suma ofrecida a España en 1818) hasta el envío de la flota británica a patrullar las costas de África y de los mismos países esclavistas receptores de los esclavos de trata (*Bill Aberdeen* de 1845, dirigido contra Brasil). Es cierto que aun en plena fase de acciones navales contra el comercio de esclavos notamos contradicciones en la actitud británica: existían intereses capitalistas ingleses vinculados a la financiación de la trata hacia Brasil y Cuba. Es cierto, también, que si bien la presión británica fue una variable central, otras intervinieron en cada país que abolió la trata, por lo que el proceso de abolición del comercio de esclavos pudo ser diferente en cada caso. Phillip LeVeen intentó evaluar cuantitativamente la eficacia de la política británica contra la trata africana, llegando a la conclusión de que su impacto fue considerable, no sólo de manera directa —160.000 esclavos tomados a barcos negreros y liberados, 1.500 buques capturados, entre 1820 y 1865—, sino igualmente haciendo subir mucho los precios de los esclavos de trata. Aun si el comercio de cautivos siguió existiendo con gran prosperidad, principalmente hacia Brasil (hasta los años inmediatamente siguientes a la extinción oficial de la trata en 1850) y hacia Cuba (hasta 1865 aproximadamente), sus riesgos y costos de operación aumentaron al punto de disuadir una parte de los tratantes potenciales y de estimular la búsqueda de formas alternativas de aprovisionamiento de mano de bora.[16]

Podemos distinguir cierto número de soluciones inmediatas, una vez terminada la trata africana. La única alternativa verdadera, eficaz a largo plazo, estaría constituida por patrones demográficos que permitieran el crecimiento vegetativo de la población esclava; encontramos este tipo de estructura demográfica en los Estados Unidos aun antes de su independencia. No necesitamos entrar aquí en la polémica actual sobre si hubo o no «crianza» de esclavos en los Estados Unidos en el siglo XIX,[17] puesto que de hecho, fuera de dicho país, los patrones demográficos no se orientaron a un crecimiento vegetativo de la población cautiva; en otras palabras, en América latina y en el Caribe la alternativa mencionada no se dio. Restan las alternativas eficaces sólo a medio o corto plazo: la trata interna y ciertas reorganizaciones del sistema productivo, de que hablaremos más adelante.

En Brasil, una de las soluciones intentadas después del cierre de la trata africana hacia ese país en 1850 fue la compra de esclavos de las provincias entonces menos prósperas del norte y del nordeste por los exitosos hacendados del café, cuyas haciendas se situaban en el valle del Paraíba (ubicado en partes de Río de Janeiro, Minas Gerais y São Paulo). Una tesis reciente demostró estadísticamente que todavía más importante fue la trata intra-provincial en Río de Janeiro, desde municipios menos ricos hacia la frontera del café.[18] La trata interna fue una solución adoptada por casi

16. Ver Phillip Le Veen, «A Quantitative Analysis of the Impact of British Suppression Policies on the Volume of the Nineteenth Century Slave Trade», University of California, enero de 1972 (ponencia). Probablemente el mejor estudio diplomático y político de las presiones británicas al respecto se refiere a Brasil: Leslie Bethell, *A abolição do tráfico de esclavos no Brasil,* trad. de Vera Neves Pedroso, Editora Expressão e Cultura en coedición con la Editora da Universidade de São Paulo, Río de Janeiro, 1976 (el original en inglés es de 1970).

17. La polémica sobre la «crianza» de esclavos es algo muy curioso, si consideramos que los contemporáneos no tenían la menor duda al respecto, dentro y fuera de los Estados Unidos: ver por ejemplo, Robert Conrad, *Os últimos anos da escravatura no Brasil 1850-1888,* trad. de F. de Castro Ferro, Civilizaçao Brasileira, Río de Janeiro, 1975, pp. 43-44.

18. R. Conrad, *op. cit.,* cap. 4; Emília Viotti da Costa, *Da senzala a colonia,* Difusao Européia do Livro, São Paulo, 1966, cap. 3; Ismenia Lima

todos los países esclavistas, en mayor o menor medida, luego del cierre de la trata africana. En ausencia de un cambio radical de los patrones demográficos de la población esclava, no podría ser sino un paliativo, una solución momentánea que posponía pero no podía impedir el colapso del sistema esclavista: esto muestra que es justo, en el contexto latinoamericano y del Caribe, considerar a la continuación de la importación de esclavos de África como uno de los límites de elasticidad de dicho sistema.

b) La segunda condición de supervivencia mencionada por F. H. Cardoso apunta hacia las características de «despilfarro» e «irracionalidad» del sistema esclavista, y la imposibilidad de racionalizar una economía sin abolirlo previamente. Este tipo de afirmación es común a Marx y a Weber, y diversos autores siguen utilizándola todavía.[19] Es, sin embargo, el punto más débil en la enumeración de F. H. Cardoso. La primera duda que podríamos plantear al respecto tiene un alcance metodológico y teórico amplio: ¿es lícito evaluar el grado de racionalidad de economías no capitalistas según patrones o criterios del capitalismo? ¿No conducirá al anacronismo un procedimiento de este tipo? Nuestra respuesta sería un decidido no a la primera pregunta, y un no menos decidido sí a la segunda, al tratarse de la época colonial. Es cierto, no obstante, que tratamos del siglo xix, cuando la comparación del esclavismo con el capitalismo no sólo era posible, sino muy frecuentemente hecha, ya que las concepciones y varios elementos del sistema dominante a nivel mundial (el capitalismo) penetraban cada vez más el sistema subordinado (el esclavismo de tipo colonial, ya en proceso de disolución).

Sea como fuera, se ha exagerado la imposibilidad de efectuar cambios técnicos y organizacionales en una economía esclavista de tipo colonial. En Brasil, una de las respuestas halladas por los propietarios de esclavos al finalizar la trata africana en 1850

Martins, «Os problemas de mao-de-obra da grande lavoura fluminense, O tráfico intra-provincial (1850-1878)», Niterói, Universidade Federal Fluminense, s.f. (tesis mimeografiada).

19. Por ejemplo: Manuel Moreno Fraginals, *El ingenio. El complejo económico social cubano del azúcar (1760-1860)*, Comisión Nacional Cubana de la UNESCO, La Habana, 1964, I, pp. 3-37.

—momento que coincide con el apogeo del café del Paraíba—
fue justamente una reorganización considerable de las actividades
económicas en la zona cafetalera entonces predominante incluyendo: 1) innovaciones técnicas en el transporte (ferrocarriles) y en
el procesamiento de los granos de café (máquinas de vapor) con
el fin de ahorrar mano de obra esclava en tales sectores y trans-
ferirla a las actividades agrícolas; 2) el traslado de esclavos antes
empleados en actividades económicas menos rentables (subsistencia, tabaco, azúcar, etc.) a la producción cafetalera. Las innovaciones técnicas mencionadas —y otras no ligadas directamente al
café— fueron posibilitadas por la liberación de capitales antes
invertidos en la trata africana. De manera análoga, estudios recientes buscan demostrar que la producción azucarera del nordeste brasileño sufrió igualmente un proceso importante de tecnificación y reordenamiento organizacional todavía bajo la vigencia del esclavismo.[20]

Estos ejemplos muestran que no era imposible la realización
de cambios bastante importantes en el marco del sistema esclavista. Pero podemos preguntarnos si la introducción de elementos capitalistas —bancos, empresas ferrocarrileras, avances técnicos, actitudes mentales— en una economía esclavista, aunque
en un principio surjan en apoyo de esta última, y a ella se adap-
ten, no constituiría a la larga un factor de profundización de
las contradicciones del sistema.[21] Esto nos conduce al tercer punto en la enumeración de F. H. Cardoso.

c) Lo esencial es, aquí, la afirmación de que el desarrollo
del capitalismo lleva a la destrucción del esclavismo de tipo colonial. Esto no sólo es exacto, sino que en realidad contiene y
explica los factores anteriormente mencionados. Pero tendremos
ocasión de verificar que el fin de la esclavitud no significó necesariamente el triunfo del trabajo asalariado.

20. Ver los libros ya citados *supra* en n. 18.
21. Cf. Almir Chaiban El-Kareh, «Atividades capitalistas em sociedade
escravista. Estudo de um caso: a Companhia da Estrada de Ferro de
D. Pedro II, de 1855 a 1865», Niterói, Universidade Federal Fluminense,
1975 (tesis mimeografiada). Los estudios en curso sobre la tecnificación de
la producción azucarera son de Eul-Soo-Pang y de Antonio Barros de Castro.

Este «desarrollo del capitalismo» debe entenderse de dos maneras diferentes, si bien ligadas entre sí. Por una parte, tenemos la constitución fuera de América de un núcleo capitalista dominante, en función de la revolución industrial en sus primeras etapas: este factor «externo» aparece internalizado en las nuevas formas e intereses que señalan, en cada país americano, la adaptación a las modalidades organizativas del mercado mundial, radicalmente cambiadas. Por otra parte, en el interior de los países de América —con máxima fuerza en los Estados Unidos, menos intensamente en Brasil y Cuba, todavía menos en las demás regiones esclavistas, casi nada en el aislado Haití posesclavista— el siglo XIX vio el desarrollo gradual de sectores económicos progresivos, «modernos», que terminaron por chocar con las estructuras esclavistas. La importancia relativa del desarrollo interno de tales sectores económicos «modernos» inmediatamente antes de la eliminación del sistema esclavista parece constituir —salvo en el caso temprano y muy especial de Haití— el elemento central de explicación del peso que, en cada caso de abolición de la esclavitud, tuvieron los factores externos e internos. Así, en los Estados Unidos la abolición resultó fundamentalmente del juego de las contradicciones internas (lo mismo es verdad en cuanto al fin de la trata); en el Caribe británico, francés y holandés fue, en lo esencial, impuesta por las metrópolis; en Brasil y en Cuba, podemos percibir el equilibrio de ambos tipos de factores en el proceso de destrucción del esclavismo.[22]

2. DIFERENTES TIPOS DE PROCESOS DE ABOLICIÓN DE LA ESCLAVITUD

Las notables diferencias entre los procesos de abolición de la esclavitud no se explican por distintos sistemas esclavistas —ya hemos discutido esta cuestión al tratar de la Colonia—, sino por los grados de dependencia política y vulnerabilidad a presio-

22. Cf. Eugène D. Genovese, *Esclavitud y capitalismo*, trad. de Ángel Abad, Ariel, Barcelona, 1971, cap. II.

nes externas, por la evolución interna y externa de las estructuras económicas, por las coyunturas locales e internacionales (así, las plantaciones algodoneras fortalecieron el esclavismo en los Estados Unidos por su éxito mundial, y lo mismo se puede decir del primer ciclo cafetalero de Brasil en su fase de auge).

Podemos distinguir —dejando de lado el caso norteamericano que no nos interesa abordar aquí— tres tipos fundamentales de procesos abolicionistas de la esclavitud en América.

a) En un caso únicamente —Haití— el fin de la esclavitud resultó directamente de una revolución social y nacional, entre 1790 y 1804. Ninguna otra revuelta de esclavos, en toda la historia del continente, pudo forzar la reorganización de la sociedad global y servir de punto de partida para una nueva nación, aun si es posible encontrar algunas rebeliones localmente exitosas durante el siglo XVIII (Jamaica, Surinam). Es cierto, sin embargo, que la revuelta de los esclavos constituyó el núcleo del proceso haitiano de independencia y abolición, pero no la única fuerza en acción: el resultado de la lucha debió mucho a una complicada y cambiante red de divisiones, alianzas y procesos sociales, tanto a nivel local como metropolitano. Por otra parte, en Haití la abolición e independencia no significaron, durante largas décadas, un pasaje al capitalismo dependiente: en un país casi aislado se mantuvieron por mucho tiempo estructuras económico-sociales extremadamente arcaicas.[23]

b) Una segunda forma de abolición puede ser encontrada en el Caribe británico, francés y holandés (Antillas y Guayanas). El fin de la esclavitud fue ahí impuesto a territorios todavía coloniales por las metrópolis respectivas, que vivían todas su proceso de advenimiento o consolidación del capitalismo como modo de producción dominante, y de eliminación de los restos del antiguo sistema económico. Los movimientos abolicionistas eran,

23. Emilio Cordero Michel, *La revolución haitiana y Santo Domingo*, Ediciones del Taller, Santo Domingo, 1974²; José Luciano Franco, *Historia de la revolución de Haití*, Academia de Ciencias de Cuba, La Habana, 1966; Antoine G. Petit, *Haití. Incidences ethniques de la lutte des classes*, s.l.n.f.; H. Orlando Patterson, *The Sociology of Slavery*, MacGibbon & Kee, Londres, 1967, pp. 273-283; Roger Bastide, *Las Américas Negras*, trad. de Patricio Azcárate, Alianza Editorial, Madrid, 1969, cap. 3.

en todos los países de Europa, muy conservadores, al principio preocupados en poner término apenas a la trata africana, posteriormente defendiendo la tesis de la abolición gradual de la esclavitud, con el debido respeto al derecho de propiedad (como se manifiesta en la indemnización que en todos los casos se acordó a los propietarios de esclavos al abolirse la esclavitud). La pérdida de importancia económica e inclusive la declinación de estas colonias (aun en el caso de las Antillas británicas, ello es evidente en los últimos años que preceden a la abolición del régimen esclavista) parece haber sido un factor de importancia. En el caso del Caribe francés, la revolución de 1848 sirvió de catalizador, acelerando un movimiento gradual ya empezado. Pese a sus diferencias, Eric Williams y Drescher coinciden en acordar una gran importancia explicativa al recelo de un proceso semejante al de Haití, justificado por gran número de revueltas de esclavos en casi todas las colonias, conduciendo finalmente a los intereses dominantes metropolitanos y locales (casi imposibles de distinguir de hecho debido al gran absentismo de los plantadores) a un acuerdo sobre las ventajas de una abolición «desde arriba».[24]

c) Finalmente, en Cuba y en Brasil la abolición fue un proceso muy lento, vinculado a la vez a las presiones británicas contra la trata, y a la pérdida gradual de importancia y viabilidad del sistema esclavista (y de la fracción de la clase dominante que parecía depender de su continuación) debido a cambios estructurales ocurridos en las regiones o los sectores económicos más dinámicos: los grupos más «modernos» (como los cafetaleros de São Paulo, por ejemplo) utilizaron también el trabajo esclavo, pero percibían la pérdida creciente de viabilidad de la esclavitud, y no tuvieron grandes problemas en convertirse a la tesis abolicionista y buscar soluciones más viables al mercado de mano de obra. La ausencia de indemnización indica bien la pérdida de importancia del grupo esclavista «tradicional». Por otra parte, no se debe olvidar que los esclavos constituían apenas el 4 % de la población

24. Ver el artículo ya citado de Drescher (n. 15), los libros de E. Williams y Genovese (nn. 14 y 22), y J. H. Parry y Philip Sherlock, *Historia de las Antillas*, trad. de Viviana S. de Ghio, Editorial Kapelusz, Buenos Aires, 1976.

brasileña en el momento de la abolición (1888); y que en Cuba una parte de los esclavos y «colonos asiáticos» fuera ya liberada por el Pacto de Zanjón que puso fin a la guerra de los Diez Años (1878); además, debido a las bajas de esta guerra, al fin de la trata clandestina y a una baja de natalidad de la población de color, en el momento de la abolición definitiva (1886) había unos 75.000 habitantes de color menos que los consignados por el censo de 1862. Si la guerra de los Diez Años fue un importante catalizador en el caso cubano, lo mismo se puede decir para Brasil —en menor escala— de la guerra del Paraguay; el peso de los movimientos de esclavos sobre el proceso parece haber sido mucho más importante en el caso de Cuba, sobre todo por su gran participación en la guerra de los Diez Años: en Brasil sólo inmediatamente antes de la abolición la presión de los esclavos, alentada por los abolicionistas, se volvió realmente considerable.[25]

3. EL MERCADO DE MANO DE OBRA DESPUÉS DE LA ABOLICIÓN

La abolición de la esclavitud ocurrió en fechas a veces separadas por un largo tiempo: más de cuarenta años separan el inicio de la revolución haitiana de la abolición en el Caribe británico, y esta última se dio unos cincuenta años antes que el fin de la esclavitud en Brasil; además, como vimos, pudo ocurrir según varios tipos de procesos. La comparación de la evolución de los patrones de organización de la mano de obra durante el período inmediatamente consecutivo a la disolución del sistema esclavista en diversos países americanos muestra sin embargo algunas similitudes notables. Esto es así debido a que dichos países compartieron en el

25. Para el caso de Brasil, ver los libros ya citados de E. Viotti da Costa y R. Conrad (nn. 17 y 18); y también: Richard Graham, «Causes for the Abolition of Negro Slavery in Brazil: An Interpretative Essay», en *Hispanic American Historical Review*, XLVI, mayo de 1966, pp. 123-137; Robert Brent Toplin, «The Movement for the Abolition of Slavery in Brazil, 1880-1888», Rutgers University, 1968 (tesis inédita). Para Cuba, cf. sobre todo Arthur F. Corwin, *Spain and the Abolition of Slavery in Cuba, 1817-1886*, University of Texas Press, Austin, 1967; Fernando Portuondo, *Historia de Cuba*, Editora del Consejo Nacional de Universidades, La Habana, 1965, I, pp. 465-466, 484.

pasado la experiencia de un sistema económico-social básicamente similar, con las mismas contradicciones, potencialidades y limitaciones.

a) *Primera similitud.* — En todos los países o colonias, el fin de la esclavitud fue seguido por una tendencia a la expansión de la economía campesina. Los ex esclavos, siempre que ello era posible, trataban de obtener tierra y volverse económicamente independientes. En el interior del mismo sistema esclavista existía, ya lo vimos, un sector de economía campesina, representado por las parcelas y el tiempo concedidos a una buena proporción de los cautivos para que cultivasen alimentos; además, los negros cimarrones reconstituyeron en sus palenques una economía campesina.

La expansión de un campesinado negro asumió formas diversas. En Haití —donde tenemos el máximo desarrollo campesino—, esta tendencia chocó tradicionalmente con los intentos de la clase dominante negra y mulata, de crear grandes propiedades con mano de obra dependiente. Hacia 1820, luego de las diferentes etapas de la formación del país, caracterizadas por políticas agrarias ampliamente divergentes, los trabajadores rurales comprendían una tercera parte de pequeños propietarios, una tercera parte de precaristas y una tercera parte de trabajadores dependientes (aparceros, arrendatarios y asalariados). En todo el Caribe es posible verificar esta expansión de un campesinado negro «reconstituido», en la expresión de Mintz. En las Antillas y Guayana británicas, con frecuencia un gran número de ex esclavos juntaban sus parcos recursos para comprar en conjunto una plantación arruinada, o intentaban obtener terrenos baldíos en concesión, a pesar de que se aprobaron varias leyes que volvieron difícil el acceso a la propiedad de la tierra, con la finalidad de preservar el sistema de plantación. En Brasil, la tendencia a la expansión campesina fue limitada por el monopolio sobre la propiedad de la tierra ejercido por la clase dominante rural, apoyada en las disposiciones de la ley de 1850, que entre otras cosas volvía difícil el acceso a los terrenos baldíos.[26]

26. Ver, entre otros: Sidney W. Mintz, *Caribbean Transformation*, parte II, «Caribbean Peasantries»; Tadeusz Lepkowski, *Haití*, 2 t., Casa de las

b) Segunda similitud. — En todos los casos, la esclavitud no cedió lugar predominantemente al trabajo asalariado, sino sobre todo a formas que implicaban grados variables de dependencia personal: aparcería, arrendamiento y, en las Antillas y Guayanas, incluso una reedición contemporánea del sistema colonial de los *engagés* o *indentured servants,* con amplia importación de trabajadores dependientes venidos de la India, Java o China (1838-1924). En el Caribe británico, el sistema de aprendizaje a que debieron someterse los libertos (1833-1838) compartía muchas de las características de la esclavitud; más tarde, fue la aparcería la forma de contrato de trabajo predominante, juntamente con acuerdos entre plantadores y campesinos negros para que estos últimos plantasen caña, y con el sistema de los *indentured servants* de la India, cuyos boletos eran financiados en parte, a través de los impuestos, por los mismos ex esclavos con los que venían a competir en el mercado de trabajo. En Haití, el sistema de trabajo en las plantaciones bajo Toussaint-Louverture, en las haciendas públicas de la época de Dessalines, y tal como lo definía el código rural de 1826, no era mucho mejor que la esclavitud. Lo mismo podríamos decir del sistema de patronato cubano definido por los rebeldes en el reglamento de libertos vigente en 1869-1870, y más tarde por la ley del patronato de 1880. En el nordeste de Brasil, ya antes de la abolición, con la exportación creciente de esclavos hacia el sur, formas de arreglo de trabajadores dependientes no propietarios (moradores y aparceros o «lavradores») con los dueños de los ingenios de azúcar se hicieron importantes, preparando el sistema de trabajo al que los ex-esclavos se incorporarían después de 1888. Podríamos multiplicar los ejemplos de sistemas de trabajo dependiente en forma personal (principalmente la aparcería) como modalidades predominantes luego de la abolición de la esclavitud.[27] .

Américas, La Habana, 1968; A. Petit, *op. cit.*; E. Williams, *From Columbus...*, cap. 18; Warren Dean, «Latifundios y política agraria en el Brasil del siglo XIX», en Enrique Florescano (coordinador), *Haciendas, latifundios y plantaciones en América latina,* Siglo XXI, México, 1975, pp. 414-432.
27. Cf. Williams, *op. cit.*, caps. 18 y 19; Raymond T. Smith, *British Guiana,* Oxford University Press, Londres, 1962, cap. III; Alan H. Adamson, «The Reconstruction of Plantation Labor after Emancipation: The Case of

c) *Tercera similitud.* — El proceso abolicionista no resultó primariamente —salvo en Haití— de un movimiento de esclavos. Así, en casi todos los casos —incluyendo de hecho las colonias británicas y su malogrado sistema de «aprendizaje»—, los ex-esclavos fueron completamente abandonados a su suerte. Esto muestra bien el carácter y las finalidades reales de casi todos los movimientos abolicionistas. Cuando, como en Brasil, existía otro tipo de movimiento que pretendía lograr una verdadera integración de la población de color en la comunidad nacional, sencillamente no prevaleció. En Haití, la nueva clase dominante negra y mulata que gobernaba el país luego de la eliminación de la minoría blanca, intentó con frecuencia (y con éxito variable) reglamentar el trabajo de las masas rurales y atarlas a la tierra.[28]

d) En lo concerniente a las diferencias perceptibles entre los diversos casos, su explicación reside no sólo en cómo se llevó a cabo el movimiento de abolición, sino en la presencia o ausencia de un mercado potencial alternativo de mano de obra, al lado de los libertos: de ahí que en un mismo país —Brasil— haya una gran diferencia entre lo que pasó en el nordeste y en el sur, puesto que el flujo inmigratorio europeo se concentró en esta última región. La esclavitud no había preparado a la población negra para una eventual competencia con trabajadores más calificados. Así, cuando la competencia se planteó —en los países o regiones que recibieron amplios influjos de inmigrantes europeos o asiáticos—, causó un grado variable, pero importante en todos los casos, de desempleo, subempleo y marginalidad de los ex-esclavos, que tendieron con frecuencia a concentrarse en barriadas cercanas a los centros urbanos.[29]

British Guiana», Rochester, marzo de 1972 (ponencia); Pedro Deschamps Chapaux y Juan Pérez de la Riva, *Contribución a la historia de la gente sin historia,* Ed. de Ciencias Sociales, La Habana, 1974; Octavio Ianni, *Raças e classes sociais no Brasil,* Civilização Brasileira, Río de Janeiro, 1972², cap. I; Peter Eisenberg, «Abolishing Slavery: The Process on Pernambuco's Sugar Plantations», en *Hispanic American Historical Review,* noviembre de 1972, pp. 580-597; Jaime Reis, «From *Bangue* to *Usina*: Social Aspects of Growth and Modernisation in the Sugar Industry of Pernambuco (1850-1920)», Cambridge (Inglaterra), noviembre de 1972 (ponencia).

28. Ver los libros ya citados de Lepkowski, Viotti da Costa y Conrad.
29. Este proceso ha sido particularmente bien estudiado en el caso de

C) EL SIGNIFICADO ECONÓMICO DE LAS REFORMAS LIBERALES

El proceso político de la reforma liberal, llamada a veces «organización nacional» o con otras denominaciones similares, caracteriza la fase de consolidación de los estados nacionales. En líneas generales estos aspectos de la reforma liberal se conocen con cierto detalle, pero sería difícil afirmar que ellos agotan la consideración del proceso de cambio social. Nos dedicaremos a estudiar el significado económico de esa reforma, tratando de establecer si en los diferentes países le corresponde un contenido común y comparable. Nuestra hipótesis es que, en un grupo de naciones latinoamericanas, es a través de ese proceso de reforma liberal que se opera definitivamente la transición al capitalismo dependiente.

1. CARACTERIZACIÓN GENERAL

La primera constatación que resulta, al comparar las economías de Hispanoamérica con las de Brasil y el Caribe, es la de su relativa heterogeneidad. Celso Furtado ha formulado una sugestiva hipótesis de explicación a partir del rol que habría cabido a los centros mineros de exportación en uno y otro caso. El ciclo brasileño del oro, en el siglo XVIII, sería el principal responsable de la relativa interdependencia de la economía brasileña en el siglo XIX. La crisis de la plata, en la Hispanoamérica de 1650, habría decidido la fragmentación, las tendencias disgregadoras, de los dos siglos siguientes, que son los de constitución de las identidades y los Estados nacionales.[30] Pero un análisis histórico más preciso no confirma esta línea de explicación. La minería de la plata también

---

Brasil; ver por ejemplo: O. Ianni, *op. cit.*, Florestan Fernandes, *A integração do negro na sociedade de classes*, 2 vols., Dominus Editora y Editora da Universidade de São Paulo, São Paulo, 1965.

30.   Celso Furtado, *La economía latinoamericana desde la conquista ibérica hasta la revolución cubana*, Siglo XXI, México, 1969, pp. 32-34; para una apreciación crítica de la tesis de Furtado, cf. Richard Morse, art. cit. en n. 6, pp. 25 y ss.

experimenta un auge notorio en el siglo XVIII, parecería que lo más decisivo en el contraste es el hecho de que el sistema de plantación esclavista dominante en Brasil y las Antillas, es, en la diversidad de casos, mucho más homogéneo como estructura socioeconómica. En otros términos, el sistema colonial estructurado en base a la explotación del trabajo indígena ofrece muchas más variantes y también muchas más posibilidades de transformación a lo largo del tiempo; el sistema esclavista, en cambio, exige, para funcionar como tal, un número limitado de restricciones, como se acaba de mostrar.

Esta variedad de situaciones hace por cierto difícil, y a veces peligroso, el establecimiento de hipótesis de explicación generales. El problema mayor deriva, sin embargo, del conocimiento muy desigual con que contamos sobre los distintos casos. Con estas precauciones en mente, debe quedar claro que lo que sigue son hipótesis de trabajo, que la investigación de los años venideros deberá esclarecer, completar y muchas veces desechar.

La constitución de un mercado de tierras connota todos los problemas básicos de la transición en los casos que nos ocupan. Esto implica que antes de la reforma existieron grandes extensiones de territorio, por lo general adecuados para los cultivos de exportación, que por mecanismos institucionales estaban, desde la época colonial, «inmovilizados», es decir no podían ser comprados ni vendidos. La llamada desamortización consistirá en volcar esos bienes inmuebles a la circulación económica. La Iglesia y las órdenes monásticas por una parte, las comunidades indígenas y las propiedades ejidales de los municipios por otra, serán las afectadas por un proceso inexorable de avance de la propiedad privada. Pero el panorama quedaría incompleto si no se menciona la venta de tierras públicas; en un lapso de tiempo, generalmente corto, esas grandes extensiones de terreno, a veces desocupadas e inexploradas, otras apropiadas de hecho, pasarán al dominio privado.

La constitución de un verdadero mercado de tierras fue un proceso generalmente violento. La Iglesia logró estructurar, en muchos casos, una sólida resistencia conservadora, pero la mayoría de las veces fue vencida en un plazo corto. Las comunidades indígenas establecieron una resistencia mucho más tenaz y duradera; en algunos casos llegaron a lograr el reconocimiento legal que las primeras leyes republicanas invariablemente les negaron. Se percibe también, en la evolución interna de las propias comunidades, una erosión lenta en el funcionamiento de la propiedad y la organización del trabajo colectivos.

Una consecuencia mayor de los cambios en la estructura agraria fue la formación de un mercado de trabajo adaptado a las necesidades de la economía de exportación. Pero el asalariado típico, el proletariado completamente desposeído de medios de producción no fue, en la América latina del siglo XIX, la forma de trabajo predominante. Entre el peonaje próximo a la servidumbre y el asalariado libre, sobreviven, y en muchos casos aparecen, toda una gama de situaciones intermedias. El efecto más inmediato de un mercado de trabajo de esta clase es el hecho de que el costo de reproducción de la fuerza de trabajo no estará determinado por la economía mercantil, sino por las características y la dinámica de estos sectores de producción no capitalistas. En una primera fase esta misma situación obligará a la persistencia de formas de coacción para el reclutamiento de la mano de obra.

El asentamiento de colonos europeos fue una meta perseguida por todos los gobiernos de la época. Pero en ninguno de los casos que estudiamos la inmigración tuvo importancia numérica en cuanto al mercado de mano de obra. Su significación es importante, en cambio, desde el punto de vista empresarial ya que los inmigrantes cumplieron un rol descollante como activos promotores de las actividades agrícolas y comerciales de exportación, las artesanías urbanas, la educación, etc.

La constitución de un mercado de tierras tuvo también particular importancia como garantía para la obtención del financiamiento necesario, tanto para los ferrocarriles y el transporte en general, como para las propias actividades de exportación. En otros términos, las tierras constituyeron una forma de pago del Estado y también una garantía para las inversiones en obras públicas. A la vez, el préstamo sobre hipotecas operó como un mecanismo básico de financiamiento agrícola.

2. LOS TIPOS BÁSICOS DE REFORMA LIBERAL

Los diferentes casos de reforma liberal pueden clasificarse según el grado de predominio alcanzado por la propiedad privada de la tierra hacia fines del siglo XIX, es decir, en el período de auge de las economías de exportación y cuando en casi todos los casos el proceso político de la reforma ha concluido. Como hemos dicho, la Iglesia y las órdenes religiosas acabaron por perder su nada desdeñable fortuna territorial; la persistencia de formas de propiedad comunal se refiere entonces a las comunidades indígenas y a variantes menos frecuentes como los ejidos municipales. Podemos distinguir dos situaciones fundamentales: 1.º) una, en la cual esas formas comunales son eliminadas casi por completo al punto que de persistir no constituyen un sector clave para el funcionamiento de la economía de exportación como es el caso de México, El Salvador, Colombia, Venezuela y Chile; 2.º) otra, en la cual las comunidades subsisten masivamente articuladas a la expansión del sector exportador: Ecuador, Perú, Bolivia y Guatemala ejemplifican en grado diverso esta segunda variante.

México [31]

Durante la primera mitad del siglo pasado, algunos de los parámetros centrales de la estructuración colonial —el monopolio comercial, la concentración del poder político y económico en la ciudad de México, la minería— fueron borrados, durante las guerras de independencia y las luchas subsiguientes, sin que nin-

31. Hemos utilizado principalmente: Francisco López Cámara, *La Estructura económica y social de México en la época de la Reforma*, Siglo XXI, México, 1967; Luis González *et al.*, *La economía mexicana en la época de la Reforma*, Sep-Setentas, n.º 236, México, 1976²; T. G. Powell, *El liberalismo y el campesinado en el centro de México (1850 a 1876)*, trad. R. Gómez, Sep-Setentas, n.º 122, México, 1974; David A. Brading, *Los orígenes del nacionalismo mexicano*, trad. Soledad Loaeza Grave, Sep-Setentas, n.º 82, México, 1973; Jean Meyer, *Problemas campesinos y revueltas agrarias (1821-1910)*, Sep-Setentas, n.º 80, México, 1973; Jan Bazant, *Los bienes de la Iglesia en México (1856-1875)*, El Colegio de México, México, 1971.

guna alternativa viable los viniera a sustituir. El rasgo más notorio de las tres décadas posteriores a la independencia política (1821) es, probablemente, la persistencia mediocre de prácticas y rasgos heredados de la colonia, puesto que no existía un poder central lo suficientemente fuerte como para intentar cambios radicales. Todo esto se da en un marco estructural de extremo atraso: fragmentación del país en múltiples economías regionales poco significativas y no integradas entre sí; inexistencia de una verdadera red de comunicaciones (el transporte terrestre se hacía a base de carretas y mulas por caminos apenas transitables; un cabotaje de redistribución ligado a áreas de influencia de unos pocos puertos importadores reforzaba la fragmentación); sistema financiero arcaico, basado en la usura y el agiotismo, practicados por comerciantes y por la Iglesia; esta última seguía siendo rica y concentrando muchos bienes inmuebles aun cuando su poder económico disminuyó respecto de la época colonial; el gran comercio situado casi del todo bajo control de extranjeros residentes. Y en un marco coyuntural abrumador: devastaciones y repercusiones financieras de las luchas continuas; fracaso de los proyectos de revitalización de la minería con capitales extranjeros (1825-1830); balanza comercial y de pagos deficitaria, con pérdida masiva de circulante metálico; competencia de las manufacturas británicas y norteamericanas (ingresadas a México con frecuencia por el contrabando) con la producción de los obrajes y talleres locales, pujantes durante el ciclo coyuntural precedente (1790-1810); revueltas indígenas y bandolerismo como fenómenos coyunturales casi permanentes, reflejando un hecho estructural: la falta de control del gobierno sobre las zonas rurales; intervenciones extranjeras desastrosas en los negocios del país, culminando en la guerra de 1845-1848 con los Estados Unidos, de tan pesadas consecuencias.

Es posible que cuando se llegue a aclarar en sus múltiples fases, contradicciones y complejidades, la base social de las fracciones opuestas de las clases dominantes y estratos medios, conocidas como «liberales» y «conservadores», se habrá avanzado decisivamente hacia una comprensión adecuada de la sociedad mexicana durante la primera mitad del siglo XIX. Hay que tomar en cuenta, por supuesto, que las ideologías ascendentes —como el liberalismo en la época— se propagan cortando tanto verticalmente la estructura de clases, como horizontalmente, en cada nivel del edificio social. La ideología liberal, importada de la Europa de las luces, de la Revolución francesa y del parlamentarismo británico, era, como lo dice con razón D. A. Brading, «un cuerpo de abstracciones» —libertad de expresión y asociación, libre empresa y libre cambio, gobierno republicano federal y constitucional, igualdad ante la ley, anticlericalismo (entre los liberales llamados «puros»), etc.— y como tal, apta para ser adoptada por una gran variedad de grupos sociales. En cuanto al bando conservador, claramente definido como tal sólo a fines de la década de 1840, no parecía tener más ideología que la simple reiteración y defensa de la raída herencia colonial aristocrática, centralista y autoritaria, clericalista, mantenedora de los privilegios corporativos, jerárquicos y mercantilistas (el consulado). Además, como es sabido, ambos grupos coincidían en su elitismo excluyente de las masas populares, en su agrarismo, en su oposición a la intervención estatal en la economía (aunque la posición liberal al respecto evolucionó hacia la concepción de un Estado más activo).

Ciertos factores, sin embargo, vinieron a clarificar y agudizar la división en dos campos, y a catalizar la oposición entre ellos: 1) la cuestión de los bienes del clero —blanco central del liberalismo desde 1830—, cuyo posible reparto atrajo al campo liberal a muchos hacendados y grandes comerciantes antes más bien conservadores; 2) la derrota de 1848, la dictadura de Santa Anna, y posteriormente el recurso de los partidarios del «retroceso» a la intervención extranjera (francesa). Durante el proceso de reformas liberales —digamos entre 1854 y 1862, y después del interludio imperial los años 1867 a 1876—, el liberalismo adquirió un carácter de clase bastante definido: era el instrumento eficiente de una transformación de la sociedad mexicana según los intereses de algunas de las fracciones de la clase dominante (incluyendo sus secciones extranjeras o vinculadas al extranjero): la burguesía agraria, minera, comercial y ferrocarrilera (pero no así la industrial: la supervivencia y expansión de la industria na-

cional ocurrió *a pesar* de la reforma y no debido a ella). El hecho
de que las *intenciones* de los líderes liberales apuntaran por ejemplo hacia la contención del latifundio y la defensa de la mediana
propiedad viable, no cambia para nada el fondo de la cuestión,
que es iluminado por los *resultados efectivos* de la reforma. La
clase que salió victoriosa del conflicto fue, por lo tanto, una burguesía que aceptaba conscientemente la ubicación en el sector
primario que le asignaba la división internacional del trabajo,
más aquellos grupos que volvían efectiva la vinculación del país
a los mercados mundiales.

Desde el punto de vista económico, lo esencial de la reforma
liberal mexicana está constituido por las medidas y procesos siguientes: 1) la ley Lerdo (junio de 1856; en 1857 extendida a
los ejidos) completada por la ley de nacionalización de los bienes del clero (ley dada por Juárez en Veracruz durante la guerra
civil, en 1859, y aplicada en 1861) como instrumentos de disolución y apropiación del patrimonio eclesiástico y del de las comunidades indígenas, cuya aplicación fue, hasta el Porfiriato, implacable y casi completa, pese a las revueltas indígenas frecuentes y duramente reprimidas; 2) la intensificación en la construcción de ferrocarriles, con el resultado de restablecer la primacía
de la ciudad capital y de vincular estrechamente el país a los intereses norteamericanos, y en general a los del mercado mundial; 3) una serie de medidas financieras (supresión parcial de la
alcabala, legislación bancaria, monetaria y aduanal) parcialmente
eficaces; 4) los intentos en el sentido de reanimar la minería; 5)
en fin, el refuerzo de los órganos de intervención económica del
Estado (creación de la secretaría de fomento, establecimiento de
un sistema de estadísticas públicas, etc.).

En lo concerniente a las medidas agrarias —venta de las tierras eclesiásticas; atribución de las parcelas comunales a sus
arrendatarios que las comprarán a un precio arbitrariamente fijado, o a otros compradores en subasta pública; control sobre la
mano de obra rural (ley contra la vagancia de 1857, creación en
la misma época de una policía federal, la guardia de seguridad,
que reforzaba en las zonas rurales las milicias de los Estados)—,
puede afirmarse que en todas partes fortalecieron el latifundio, y

lanzaron a miles de comuneros indígenas desposeídos al mercado de trabajo, en modalidades y proporciones variables según las regiones del país.[32] Los medios y procesos que llevaron a ello fueron, según los casos, legales —aplicación de la ley Lerdo, naturalmente favorable a las personas dotadas de capital y conocedoras de los trámites— o ilegales: expropiación de tierras indígenas privadas junto con parcelas comunales, autoridades y tribunales locales que favorecían a los latifundistas sin fijarse en las cláusulas de la ley Lerdo, etc.

Jean Meyer dice[33] que es probable que la historiografía tenderá, en el futuro, a destacar la continuidad de las leyes y procesos de expropiación de la propiedad comunal, antes, durante y después de la reforma. Algo de eso hay, pero no se debe olvidar que, pese a todo hacia mediados del siglo XIX la propiedad comunal y ejidal constituía una realidad económica muy considerable, y que fue la reforma liberal la creadora de instrumentos adecuados cuya aplicación, pese a todas las rebeliones, en el mismo período de dicha reforma y durante el Porfiriato, llevó a la desaparición casi total de esa forma de propiedad.

El Salvador[34]

La expansión del añil en El Salvador, desde la época colonial, fue un proceso lento, que pudo combinarse con la producción de subsistencia de las comunidades indígenas posteriormente ladinizadas. En el siglo XIX, el añil tuvo un auge considerable, luego de haber conocido una seria depresión hacia fines de la época colonial. La estructura de la producción añilera era bas-

32. Cf. Friedrich Katz (introducción y selección de), *La servidumbre agraria en México en la época porfiriana*, trad. Antonieta Sánchez, Sep-Setentas, n.º 303, México, 1976.
33. Jean Meyer, *op. cit.*, pp. 116-119.
34. David G. Browning, *El Salvador. La tierra y el hombre*, trad. Paloma Gastesi y A. Ramírez, Ministerio de Educación, San Salvador, 1975; Ciro F. S. Cardoso y Héctor Pérez Brignoli, *Centroamérica y la economía occidental (1520-1930)*, Editorial Universidad de Costa Rica, San José (Costa Rica), 1977; *Legislación salvadoreña del café, 1846-1955*, Asociación Cafetalera de El Salvador, San Salvador, 1956.

tante semejante a la de la grana guatemalteca: predominio de pequeños productores («poquiteros»), subordinados a los mercaderes urbanos que les hacían avances y controlaban la comercialización; dichos comerciantes y otros grupos urbanos parecen haber mantenido, aun después de la disolución de la Federación centroamericana (1839), vínculos estrechos con la capital guatemalteca. Las demandas de mano de obra para las plantaciones más importantes se satisfacían con métodos coloniales, a través de la exigencia de trabajo a las comunidades ladinas.

Como la grana, el añil conoció desde mediados del siglo pasado los efectos de la competencia (en este caso, de las Indias orientales) y del descubrimiento de colorantes químicos. La crisis del añil, sin embargo, parece haber sido más lenta, agudizándose recién en 1879-1882.

El cultivo del café y otros vegetales de valor comercial posible fue impulsado por medidas gubernamentales, como en Guatemala, desde el período conservador. El verdadero «despegue» de la producción cafetalera salvadoreña se dio entre 1864 y 1880. Pero hay indicios de que desde los años 1850, los propietarios de fincas añileras importantes estaban convirtiéndose en cafetaleros, a la par de muchos elementos urbanos —mercaderes, curas, funcionarios públicos, artesanos, militares, médicos que buscaban créditos para constituir cafetales.

Las tierras adecuadas para el café estaban situadas en los altiplanos centrales, justamente la zona más poblada del país, cubierta de pueblos y aldeas que poseían tierras comunales y ejidos. Esto limitaba la oferta de mano de obra y de tierra para el café, y como en Guatemala, sólo una decidida y drástica fase de reformas liberales pudo remover tales obstáculos. Bajo la influencia manifiesta del proceso liberal guatemalteco, el presidente Zaldívar (1876-1885) tomó la iniciativa de tales reformas, que culminaron en la revolución liberal de 1885 y el gobierno autoritario del general Francisco Menéndez.

Cuando en 1879 comienza el proceso que culminaría con la extinción de los ejidos y tierras comunales, estos últimos representaban en conjunto un 25 % de la superficie total de El Salvador. Zaldívar decidió en 1879 acordar la plena propiedad de

los lotes ejidales o comunales a aquellos ocupantes que plantaran cierta proporción de café u otros productos comerciales. Aunque las comunidades ladinas intentaron adaptarse a la presión
del gobierno y plantar café pese a la ancestral tradición del maíz,
no disponían de capitales o de créditos, ni de conocimientos técnicos adecuados. En febrero de 1881, una ley estableció la extinción de las tierras comunales, y en marzo de 1882 lo mismo fue
decidido en cuanto a los ejidos. Las tierras comunales fueron divididas en lotes recibidos en plena propiedad por sus usuarios (comuneros o no), y los ejidos fueron repartidos entre sus ocupantes
actuales; aunque los plazos inicialmente previstos en las leyes
de extinción para pagar una suma fijada y retirar los títulos de
propiedad fueron ampliados más de una vez, muchos comuneros
analfabetos no se enteraron y perdieron sus derechos. Un decreto de 1896 aclara que muchos terrenos antes ejidales o comunales habían sido transformados en baldíos. Aunque los procesos concretos a través de los cuales ocurrió nos escapan en parte,
no cabe duda de que las tierras volcánicas centrales se transformaron en propiedad de la burguesía cafetalera. Como en Guatemala, las tierras y otros bienes eclesiásticos fueron confiscados;
pero la Iglesia salvadoreña no era poseedora de grandes extensiones de tierra.

Desde las leyes de 1881 y 1882, el acceso a la tierra se volvió
casi imposible para los miles y miles de campesinos desposeídos
lanzados al mercado de trabajo. La abolición de ejidos y comunales fue acompañada de leyes que trataban de controlar a los campesinos, expulsándolos de tierras ocupadas sin título de propiedad y forzándolos a cumplir con sus trabajos en las fincas que
los empleaban. No hubo, sin embargo, un sistema de reclutamiento forzoso como en Guatemala; el Estado se limitaba en El
Salvador a reprimir —duramente— el no cumplimiento de las
obligaciones laborales o los intentos de rebelión, como las revueltas campesinas de 1889 en la parte oeste del país. Las autoridades estaban encargadas del ejercicio de tales funciones represivas, con apoyo militar y sobre todo de la policía montada,
creada en 1889 en función de dichas revueltas y más tarde extendida al país entero.

En los aspectos financieros debe notarse que el poder del grupo cafetalero salvadoreño hizo difícil, e innecesario desde el punto de vista del funcionamiento de la economía agroexportadora, la penetración en gran escala de los capitales extranjeros. En los bancos y en la comercialización del café el peso de los intereses nacionales fue siempre mucho mayor que, por ejemplo, en Guatemala o en Costa Rica.

Colombia [35]

Entre 1847 y 1854 ocurre la primera fase de la reforma liberal colombiana. La abolición de la esclavitud (1851), de los diezmos y los censos (1850) y de los resguardos indígenas (1850) constituyeron las medidas fundamentales. Los esclavos, un total de 16.468 en el momento de la abolición, no constituían ya una alternativa económica en cuanto a mano de obra utilizable en la producción. La expropiación de las tierras comunales de los indígenas proveyó en seguida la fuerza de trabajo necesaria. La concentración de la propiedad terrateniente se completa con la desamortización de las tierras de la Iglesia decretada por el general Tomás Mosquera en 1861. Aunque no existe ningún estudio detallado sobre este proceso puede afirmarse que benefició básicamente a comerciantes y terratenientes. Liévano Aguirre [36] sugiere que las diferencias subsiguientes de Mosquera con los políticos liberales se debieron a que éste percibió que la desamortización sólo

35. Cf. Álvaro Tirado Mejía, *Introducción a la historia económica de Colombia*, La Carreta, Medellín, 1977[7]; Luis Eduardo Nieto Arteta, *Economía y cultura en la historia de Colombia*, Ediciones Tiempo Presente, Bogotá, 1975[6]; del mismo autor, *El café en la sociedad colombiana*, Ediciones Tiempo Presente, Bogotá, 1975; Mariano Arango, *Café e industria, 1850-1930*, Carlos Valencia Editores, Bogotá, 1977; William P. McGreevey, «Colombia», en R. Cortés Conde y Stanley J. Stein (ed.), *Latin America. A Guide to Economic History, 1830-1930*, University of California Press, Berkeley, 1977, pp. 367-383; Jorge Orlando Melo, «La economía neogranadina en la cuarta década del siglo XIX», en *Revista de Extensión Cultural*, n.º 2-3, mayo-diciembre de 1976, Universidad Nacional de Colombia, sede Medellín, pp. 52-63.
36. Cf. Indalecio Liévano Aguirre, *El proceso de Mosquera ante el Senado*, Editorial Revista Colombiana, Bogotá, 1966.

cambiaba los propietarios eclesiásticos por propietarios laicos, sin producir una verdadera redistribución de la tierra. Los resguardos fueron eliminados casi por completo, salvo en el sur del país y sólo perduraron en regiones que, por su aislamiento u otras características, no eran atractivas para la agricultura de exportación.[37]

Otras medidas conexas fueron algunas reformas fiscales y la abolición del monopolio estatal sobre el cultivo del tabaco (decretada en 1848 y vigente en 1850). Esta última medida permitió una considerable expansión de dicho cultivo en Ambalena y regiones circundantes. Esto posibilitó el desarrollo de la navegación a vapor por el río Magdalena y fomentó la migración hacia esas regiones. Durante unos 20 años ofreció una alternativa a las exportaciones de oro. Frank Safford[38] ha argumentado que buena parte de la prosperidad derivada del tabaco fue a manos de los comerciantes antioqueños, que a su vez manejaban la minería del oro de esa región; esta acumulación de capital habría jugado después, en el auge cafetalero y en el desarrollo industrial de Medellín, un rol fundamental.

Pero la prosperidad del tabaco duró poco. En la década de 1870, la competencia de Brasil y Java y el deterioro de la calidad por los métodos extensivos de cultivo, unido a la elevación de las tarifas en Alemania, que era el principal mercado consumidor, provocan un declive de las exportaciones que se agudizará cada vez más en los años siguientes. El añil, el algodón, la quina y los cueros constituían otros rubros de exportación que sólo tuvieron una importancia esporádica pero que contribuyeron durante largos períodos al conjunto de las exportaciones colombianas. El oro ten-

37. Cf. Orlando Fals Borda, *El hombre y la tierra en Boyacá*; bases sociológicas e históricas para una reforma agraria, Ediciones Documentos Colombianos, Bogotá, 1957; Juan Friede, *El indio en lucha por la tierra: historia de los resguardos del macizo central colombiano*, Ediciones Espiral, Bogotá, 1944.
38. Cf. Frank Safford, «Significado de los antioqueños en el desarrollo económico colombiano: un examen crítico de las tesis de Everrett Haggen», en *Anuario colombiano de historia social y de la cultura*, vol. II, n.º 3, 1965, Universidad Nacional de Colombia; del mismo autor, «Empresarios nacionales y extranjeros en Colombia durante el siglo XIX», *Id.*, n.º 4, 1969.

drá, hasta el auge del café en la década de 1890, una presencia invariablemente alta: el segundo y a veces primer lugar en las exportaciones.

Las reformas de mediados del siglo proporcionan las bases económicas necesarias para el desarrollo de los cultivos de exportación. Pero, como acabamos de ver, hasta fines del siglo no hay ningún producto exportable que se imponga con claridad, asegurando la posibilidad de un crecimiento económico sostenido. Hasta el gobierno de Rafael Núñez, quien domina la escena política desde 1880 hasta 1893, la inestabilidad y las continuas guerras civiles dominan la historia de Colombia. No existe ningún estudio detallado sobre las incidencias económicas de estos conflictos. Se ha argumentado que contribuyeron a la concentración de la propiedad de la tierra,[39] ya que aparte de los secuestros de bienes, la deuda pública, cada vez más grande, sólo podía solventarse con la venta de terrenos baldíos. Las causas de las rebeliones son mucho más oscuras, puede decirse no obstante, que las crisis en los precios de productos de importancia regional para la exportación y la competencia de las manufacturas importadas estuvieron a veces presentes. La Constitución de 1886 opta por un Estado centralizado y un modelo liberal matizado. El Concordato de 1887 otorgará a la Iglesia católica el control de la educación a todos los niveles. El reordenamiento institucional de esos años proporciona en los aspectos monetarios, fiscales y de crédito, el marco necesario para la expansión exportadora. La construcción ferroviaria adquiere cierto impulso: 236 km de vías férreas en 1885 y se pasa a 513 km en 1898. Pero el auge de la construcción será sobre todo un fenómeno de los años 1920. En 1930 la red ferroviaria supera los 2.700 km.

Puede esbozarse ahora una comparación con la reforma liberal mexicana. Los procesos de expropiación territorial ocurren, en ambos casos, a mediados del siglo XIX, en un contexto económico de ciclos de exportación declinantes o estancados. En el caso mexicano, el triunfo de la concepción liberal positivista y de un Estado autoritario y eficiente es mucho más pleno que en el

39. Álvaro Tirado Mejía, *op. cit.*, p. 141.

caso de Colombia. No encontramos en México algo parecido a la transacción colombiana de 1886. Algo que puede ayudar a explicar el contraste en un contexto económico que en el fondo es bastante parecido, es el hecho de que la consolidación de la reforma mexicana se produce a través de una guerra contra la ocupación extranjera, que los liberales ganan en todo el frente. Es posible que estos factores hayan permitido en el caso mexicano una unificación más potente de intereses regionales, que de no mediar la amenaza extranjera hubieran sido mucho más divergentes.

Venezuela [40]

Probablemente en ningún otro país de Hispanoamérica las guerras de independencia tuvieron una secuela tan vasta de destrucciones. La ruina afectó no sólo a las plantaciones de la costa sino también a la ganadería de los llanos.[41] Las reivindicaciones agrarias connotaron estos enfrentamientos y respondieron básicamente a una política de distribución de bienes nacionales, en muchos casos confiscados al bando enemigo, como pago de los apremiantes costos de la guerra.[42]

En medio de estas convulsiones se delinea cada vez con más claridad la consolidación del latifundio. En 1881 se pone fin a los resguardos indígenas y se dispone la venta de las tierras realengas. La ley del 10 de abril de 1848 se dicta con el mismo objeto de vender baldíos para obtener recursos para el gobierno. Matthews, que ha estudiado su aplicación en el período 1848-1857, muestra cómo esas ventas sólo fortalecieron la concen-

40. Cf. Federico Brito Figueroa, *Historia económica y social de Venezuela*, t. I, Ediciones de la Biblioteca de la Universidad Central de Venezuela, Caracas, 1973; Miguel Izard, M. Pérez Vila *et al.*, *Política y economía en Venezuela, 1810-1976*, Fundación John Boulton, Caracas, 1976.

41. Charles C. Griffin, *Ensayos sobre historia de América*, Universidad Central de Venezuela, Caracas, 1969, pp. 187-207.

42. Germán Carrera Damas, *Aspectos socioeconómicos de la guerra de Independencia*, Universidad Central de Venezuela, Caracas, 1972[3].

tración de la propiedad terrateniente.[43] Las crueles turbulencias de la guerra federal (1859-1863) operaron en el mismo sentido; en los años que siguieron los federalistas triunfantes aplicaron sistemáticamente el lema de «a los triunfadores pertenece el botín».[44]

En la década de 1830 el gobierno conservador de Páez disfruta de la prosperidad económica derivada de las exportaciones de café, y en menor grado del cacao, el azúcar y la ganadería. Pero el auge dura poco. Entre 1842-1844, el derrumbe de los precios del café no sólo precipitó la crisis de muchos hacendados, reveló lo efímero de un desarrollo basado en la reconstrucción de los patrones coloniales: el mantenimiento de la esclavitud y la dependencia del capital usurario para el financiamiento. La ley del 10 de abril de 1834, al establecer la libertad de contratos, dejó las manos libres a los prestamistas para la incautación de bienes. Como lo ha demostrado John Lombardi, la persistencia de la esclavitud se explica, no por el hecho de que los esclavos constituyeran la fuerza de trabajo dominante en el café, sino porque los pocos que quedaban eran utilizados como garantía para los préstamos.[45] En 1844, éstos representaban el 7 % de la población total y el 17 % de la fuerza de trabajo en las haciendas más importantes.[46]

Durante este régimen conservador que impera hasta 1847 se adoptan varias medidas típicamente liberales: supresión de la alcabala, de los diezmos, del monopolio estatal del tabaco y una reducción general de los derechos de importación y exportación. La ruina del café en la década de 1840 agudizó los conflictos entre comerciantes y hacendados y lanzó el país al turbulento perío-

---

43. Robert P. Matthews, «La turbulenta década de los Monagas», en Miguel Izard, M. Pérez Vila *et. al.*, *Política y economía...*, *op. cit.*, pp. 118-121.

44. Benjamín A. Frankel, «La guerra federal y sus secuelas 1859-1869», *op. cit.*, pp. 129-162.

45. John V. Lombardi, *Decadencia y abolición de la esclavitud en Venezuela, 1820-1854*, trad. M. Rivera, Universidad Central de Venezuela, Caracas, 1974, pp. 155-157.

46. Manuel Pérez Vila, «El Gobierno deliberativo. Hacendados, comerciantes y artesanos frente a la crisis, 1830-1848», en *Política y economía...*, *op. cit.*, pp. 33-90, aquí p. 53.

do de los Monagas (1847-1857). En medio de esas incesantes
guerras civiles es decretado el fin de la esclavitud en 1854. La
indemnización ofrecida no parece haber sido cumplida por el
gobierno.

En el año 1870, con el triunfo de Guzmán Blanco, el estado
liberal se consolida. El «ilustre americano» logra instaurar un
sólido poder oligárquico basado en una alianza con caudillos regionales, que tenía sus principales engranajes en subsidios del
gobierno central, derivado del monopolio estatal de las minas y
un programa de obras públicas que acentuó la dependencia ante
el gobierno nacional.[47] Este sistema fue puesto a prueba en la
crisis política de 1877-1878. En 1880-1881 Guzmán Blanco lo re-
fuerza notablemente al crear el consejo federal, en el cual esos
caudillos ocupaban puestos de responsabilidad. Se delinea entonces una centralización creciente del poder.

La época de Guzmán Blanco (1870-1887) se caracterizó por
la penetración completa del liberalismo en las instituciones: creación del registro civil, proclamación de la enseñanza laica, varios
conflictos con la Iglesia que se saldan con el triunfo completo
del Estado. La abolición de los censos, así como cualquier préstamo hecho por instituciones religiosas con garantía hipotecaria,
decretados en 1870, resultó en la práctica una concesión muy ti-
bia a favor de los hacendados. Los intereses comerciales siguieron dominando el gobierno y la falta de crédito de los agricultores tampoco fue solucionada.[48]

El progreso material se afianza con la prosperidad de las exportaciones en los años 1872-1875 y con la afluencia de capital
extranjero a partir de 1880. Se extienden los telégrafos, se inaugura el ferrocarril La Guaira-Caracas (1883); no debe olvidarse
empero que la dependencia de un solo cultivo de exportación, el
café, era casi absoluta y traería en la década siguiente amargas
experiencias.

47. Mary B. Floyd, «Política y economía en tiempos de Guzmán Blanco.
Centralización y desarrollo, 1870-1888», *op. cit.*, pp. 163-202, aquí p. 175.
48. *Op. cit.*, pp. 183-189.

Chile [49]

En el caso de Chile la configuración de la propiedad de la tierra en la zona central, tal como se la observa en el siglo XIX, es resultado casi exclusivo del período colonial. Ya en el siglo XVIII la propiedad privada está ampliamente consolidada y el único cambio importante será la expulsión de los jesuitas en 1767. Ellos eran los mayores terratenientes de Chile y sus propiedades pasaron, con el tiempo, al dominio privado. La abolición de las encomiendas en 1791 es algo más que todo formal. La mayor parte de la tierra pertenecía ya de hecho a los antiguos encomenderos o a sus descendientes.

El inquilinaje,[50] que se extiende ampliamente en el siglo XVIII, resulta de una evolución de la encomienda de servicios y de la esclavitud indígena; debe recordarse que en Chile nunca funcionó plenamente el asentamiento de los indios en pueblos como fue el caso en México o Perú.

La independencia no modifica esta estructura agraria; sólo consagra la hegemonía de los terratenientes criollos. A lo largo del siglo XIX es perceptible un incremento en la concentración de la propiedad[51] y una fusión progresiva, más visible desde la crisis agrícola de los años 1860, de los intereses terratenientes con los de los comerciantes y mineros.[52] Las medidas liberales no

49. Cf. Francisco A. Encina, *Historia de Chile desde la prehistoria hasta 1891*, Editorial Nascimento, Santiago, 1940-1952, 20 vols.; Jorge Basadre, *Chile, Perú y Bolivia independientes,* Salvat, Barcelona, 1948 (vol. de la Colección de Historia de América dirigida por Ballesteros y Beretta); Aníbal Pinto Santa Cruz, *Chile, un caso de desarrollo frustrado,* Editorial Universitaria, Santiago, 1959; Frederick B. Pike, «Aspects of Class Relations in Chile, 1850-1960», en *Hispanic American Historical Review,* vol. XLIII, n.º 1, febrero de 1963, pp. 14-33; George McCutchen McBride, *Chile, Land and Society,* American Geographical Society, Nueva York, 1936.

50. Cf. Mario Góngora, *Origen de los «inquilinos» de Chile Central,* Editorial Universitaria, Santiago, 1960.

51 CIDA (Comité interamericano de desarrollo agrícola), *Chile, tenencia de la tierra y desarrollo socio-económico del sector agrícola,* Talleres Hispano Suiza, Santiago, 1966², p. 10; Arnold Bauer y Ann Hagerman Johnson, «Land and labour in rural Chile, 1850-1935», en K. Duncan y I. Rutledge (eds.), *Land and Labour in Latin America,* Cambridge University Press, Cambridge, 1977, pp. 83-139, aquí pp. 86-94.

52. Frederick B. Pike, *art. cit.*

tienen un gran significado en cuanto a cambios importantes en la estructura agraria. La abolición del mayorazgo (1852) y la desamortización (1857) deben verse como mecanismos que, junto con la creación de la Caja de crédito hipotecario (1855), buscan hacer más flexibles la transferencia y la subdivisión de los predios, en un momento de fuerte expansión de la exportación de trigo y harina. De esa década y la siguiente datan las principales reformas institucionales de corte liberal: Código civil (1857), reforma de la segunda enseñanza, libertad de cultos (1865), Código de comercio (1867), etc. No debe olvidarse empero que buena parte de las medidas liberales se vienen incorporando paulatinamente desde el período de la República conservadora, inaugurado en 1831.

El caso chileno contrasta grandemente con los otros ejemplos analizados. Por una parte, es obvio que los cambios vinculados a la reforma liberal se efectuaron; por otra, esos cambios fueron graduales, y en el caso de la propiedad de la tierra datan por lo menos del siglo XVIII. En otros términos, pareciera que la incorporación al mercado mundial no requirió una modificación drástica de las estructuras coloniales como sí fue el caso en los otros países latinoamericanos. Una explicación posible de este gradualismo podría formularse considerando que, durante la mayor parte del siglo XIX, la agricultura tuvo un rol secundario en la expansión de las exportaciones, sin embargo no debe perderse de vista el hecho de que la estructura agraria existente condicionó aspectos fundamentales de la dinámica del enclave minero del norte del país.

La colonización de las tierras australes al sur del Bío-Bío data del período colonial. Pero el poblamiento efectivo es un fenómeno que adquiere envergadura a mediados del siglo XIX. El avance militar de la frontera concluye en 1883; los araucanos fueron reducidos en comunidades, pero la legislación protectora no pudo evitar que en muchos casos la tierra les fuera arrebatada por los colonos blancos. En el conjunto, el predominio de la gran propiedad en esa zona resultó inevitable.[53] La inmigración

53. George McBride, *op. cit.*; CIDA, *op. cit.*

europea, promovida por el gobierno desde 1872, tuvo un alcance bastante limitado. Además de estas formas de propiedad comunal en el sur, debe indicarse la existencia, en el norte, de formas comunitarias del tipo del *ayllu* andino.[54] Es obvio que en el panorama agrario chileno éstos son casos tan atípicos como marginales.

Perú [55]

La fragmentación política y la desarticulación económica son dos constantes de la historia peruana del siglo XIX. Para Julio Cotler [56] esto implica la inexistencia de cualquier hegemonía de clase. Pablo Macera [57] nos habla de «"empate" en la desorganización general», en el período 1821-1850; y agrega que en la segunda mitad del siglo se delinea ya un neto «predominio de la costa nor-central: guano, azúcar, algodón». Los veinte años que siguen a la independencia se caracterizan por la ruptura de las articulaciones básicas de la economía colonial, el fracaso de la Confederación peruano-boliviana (derrota frente a Chile en 1839), y una postración económica, mal conocida en los detalles, pero invariablemente constatada. En la década de 1840, las exportaciones de guano abren nuevas perspectivas que se manifestarán en un intento de reforma institucional y que proveerán al Estado de cuantiosos recursos. Aunque esa prosperidad se cierra con un

54. George McBride, *op. cit.*
55. Cf. Emilio Romero, *Historia económica del Perú*, 2.° vol., Editorial Universo, Lima, s.f. (2.ª ed., 1.ª 1949); Jorge Basadre, *Historia de la República del Perú*, Editorial Universitaria, Lima, 1968-69[6], 16 vols.; Ernesto Yepes del Castillo, *Perú, 1820-1920: un siglo de desarrollo capitalista*, Instituto de Estudios Peruanos, Lima, 1972; José Carlos Mariátegui, *Siete ensayos sobre la realidad peruana*, Crítica, Barcelona, 1976 (1.ª ed., 1928); Pablo Macera y Shane J. Hunt, «Perú», en *Latin America, A guide...*, cit. en n. 35, pp. 547-578; Jonathan V. Levin, *Las economías de exportación*, trad. A. Castaño, UTEHA, México, 1964, pp. 31-227.
56. Julio Cotler, *Clases, Estado y Nación en el Perú*, Instituto de Estudios Peruanos, Lima, 1978, pp. 69-70.
57. Pablo Macera, «Las plantaciones azucareras andinas (1821-1875)», en *Trabajos de Historia*, Instituto Nacional de Cultura, Lima, 1977, IV, pp. 10-307, aquí p. 119.

final wagneriano, en la trágica guerra del Pacífico, los cambios precipitados durante el auge del guano connotarán profundamente el período 1883-1930 que Macera y Hunt[58] denominan de «reorganización y diversificación».

Lo más parecido a un proceso de reforma liberal que conoció el Perú del siglo XIX fueron las políticas aplicadas bajo la égida del mariscal Ramón Castilla (1845-1862). En medio de las guerras civiles de los años 1854-1856, Castilla suprime los mayorazgos y los fueros de la Iglesia, pone fin a la esclavitud y elimina el tributo indígena. En la visión de los liberales limeños estas medidas acabarían con las persistentes estructuras coloniales, pero como veremos en seguida, el resultado concreto difirió profundamente de esos propósitos.

La abolición de la esclavitud consistió de hecho, en una transferencia de recursos del Estado a los propietarios azucareros de la costa. La indemnización de 300 pesos por esclavo (se liberaron unos 20.000) se cuenta entre las más elevadas pagadas en América. En el momento de la abolición, la esclavitud no sólo estaba condenada por el fin de la trata, sino que desde el siglo XVIII venía evolucionando a través del mecanismo que hemos denominado de la brecha campesina, hacia formas serviles.[59] En estas condiciones, no era una mano de obra suficientemente rentable desde el punto de vista de los hacendados. La inmigración de los trabajadores chinos, esclavitud disfrazada del siglo XIX, ofreció hasta 1874 una alternativa efectiva, que todas las fuentes califican como más beneficiosa.[60] La supresión del tributo —restablecido en 1826 bajo el nombre de contribución—, quebró una vieja articulación colonial que permitía al terrateniente de la sierra obtener mano de obra. Los indios sólo podían pagarlo trabajando temporalmente o vendiendo algún excedente de su propia producción en el mercado local, a precios que eran invariablemente bajos, por el control que ejercían sobre

58. Pablo Macera y Shane J. Hunt, *op. cit.*, p. 553.
59. Cf. Manuel Burga, «La hacienda en el Perú, 1850-1930: Evidencias y Método», en *Tierra y Sociedad*, Revista del Archivo del Fuero Agrario, año 1, n.º 1, Lima, 1978, pp. 10-38, aquí pp. 17-23.
60. Pablo Macera, «Las plantaciones...», *op. cit.*, pp. 150-169.

ellos los intermediarios y los mismos hacendados. Resultó entonces una contracción de la producción para el mercado que favoreció la inflación de los bienes de subsistencia a fines de la década de 1850.[61] Pero el efecto mayor de la supresión parece haber sido la ofensiva terrateniente sobre las tierras comunales. Para los hacendados éste era ahora el mejor medio de asegurarse el control de la mano de obra. Se configura entonces un proceso de expansión de las haciendas de la sierra, incentivado en el largo plazo por el auge exportador de la costa, a través de una vinculación entre hacendados, comunidades y pequeños propietarios y arrendatarios que implica un régimen de explotación de la mano de obra muchísimo más duro que el del período colonial. A estos factores se agregan las epidemias de fiebre amarilla, que diezman las poblaciones indígenas a mediados del siglo XIX. Por todo esto Macera califica a los campesinos de la sierra como una «población bloqueada».[62] En otros términos, era estructuralmente imposible que los indios de la sierra reemplazaran a los esclavos negros en las plantaciones de la costa.

Estas reformas fueron financiadas con los ingresos provenientes del guano. Sin ellos no hubiera sido fácil para el Estado prescindir de un ingreso como la contribución indígena que hacia 1830 representaba alrededor de un 20 % del total de sus ingresos.

El Código civil de 1852 confirmó las leyes de desamortización de 1825 y 1828. En la práctica esas disposiciones se aplicaron sobre todo a los terrenos baldíos y contribuyeron a aumentar la concentración de la propiedad fundiaria.[63]

Shane Hunt[64] ha estimado que de los 150 millones de pesos generados por el guano entre 1840 y 1880 un 60 % fue percibido directamente por el gobierno. El empleo de estos cuantiosos recursos, y en eso coinciden todos los estudiosos del tema,[65]

61. Heraclio Bonilla, *Guano y Burguesía en el Perú*, Instituto de Estudios Peruanos, Lima, 1974, p. 34; Pablo Macera, «Las plantaciones...», *op. cit.*, pp. 235-275.
62. Pablo Macera, *op. cit.*, p. 198.
63. César Antonio Ugarte, *Bosquejo de la historia económica del Perú*, Lima, 1926, pp. 54-60.
64. Shane J. Hunt, *Growth and Guano in Nineteenth Century Peru*, Discussion Paper n.° 34, Woodrow Wilson School, Princeton, 1973, p. 61.
65. Cf. Heraclio Bonilla, *op. cit.*, pp. 138-159.

no contribuyó en forma apreciable al desarrollo económico del Perú. Es más, puede argumentarse que su inversión contribuyó a multiplicar las desigualdades profundas de la estructura social y la heterogeneidad regional del país. Alrededor de un 20 % de esos recursos se destinó al pago de la deuda pública interna y externa y un 7 % se utilizó en la supresión del tributo y la manumisión de los esclavos. Los hacendados de la costa percibieron una parte de estos fondos y si se considera el auge de las exportaciones de algodón y azúcar, puede conjeturarse que una parte de ellos se destinó a mejoras tecnológicas, o sea a la inversión productiva. Alrededor de un 55 % del total de ingresos del Estado se destinó a los gastos militares y a la burocracia civil. De todo esto se puede deducir que del 80 % de los ingresos obtenidos por el Estado sólo un reducido porcentaje se utilizó en gastos productivos. El 20 % restante se invirtió en ferrocarriles. Como se sabe, esto último fue posible por el plan de Nicolás de Piérola, ministro de Balta, quien en 1869 entrega la concesión de la explotación al francés Dreyfus. Pero aunque los ferrocarriles se construyeron —la línea Mollendo-Arequipa se inauguró en 1870 al igual que el tramo Lima-Jauja, y en 1874 la línea Arequipa-Puno fue concluida— su efecto inmediato en la transformación de la economía peruana fue casi nulo.

En resumen, puede afirmarse que la prosperidad exportadora de la costa —y en esto la importación de mano de obra china constituye un sector esencial— pudo darse sin la necesidad de modificaciones estructurales en la sierra. La expansión paralela de las haciendas serranas ahondó la heterogeneidad regional y se manifestó en un mercado interno cada vez más dislocado. Después de la guerra del Pacífico, y sobre todo gracias a las posibilidades abiertas por el ferrocarril, las exportaciones de lana por el sur andino [66] brindarán no sólo una nueva prosperidad a los hacendados de la sierra; proporcionarán un fuerte incentivo para el mantenimiento del sistema de explotación de las comunidades indígenas. Un refuerzo adicional, y no menos importante, ven-

---

66. Cf. Alberto Flores Galindo, *Arequipa y el Sur Andino: ensayo de historia regional* (siglos XVIII-XX), Editorial Horizonte, Lima, 1977, pp. 45-93.

drá hacia fines del siglo XIX del nuevo auge minero en Cerro de Pasco. El célebre contrato Grace (1886), al ceder la explotación de los ferrocarriles y otorgar otras concesiones a los intereses extranjeros, consagra una situación para la economía peruana, que muchos autores no han dudado en calificar de verdadero «enclave».

Bolivia [67]

El censo agrícola de 1950 reveló la existencia de 3.779 comunidades indígenas que disponían de 7,2 millones de hectáreas, los latifundios abarcaban 12,7 millones, pero las comunidades controlaban el 26 % de las tierras efectivamente cultivadas.[68] En ningún otro país de América latina las comunidades indígenas lograron sobrevivir como en Bolivia.[69] La historia de esa supervivencia es un eje mayor de la trayectoria boliviana, en un período que se inicia en la colonia y que concluye con la reforma agraria que resulta de la revolución de 1952. Pero esta constancia multisecular no debe ocultar que la clave principal de la dinámica histórica de Bolivia reside sin duda en las articulaciones entre haciendas, comunidades y campesinos y, de la plata al estaño, en las características de la minería de exportación.

La independencia sellada por Sucre en 1825 fue en el alto Perú más que en ningún otro lado el resultado directo de la ex-

67. Cf. Nicolás Sánchez-Albornoz, *Indios y tributos en el Alto Perú*, Instituto de Estudios Peruanos, Lima, 1978; Josep M. Barnadas, Antonio Mitre, Gustavo Rodríguez, «Orígenes del capitalismo en Bolivia»; Silvia Rivera Cusicanqui, «La expansión del latifundio en el Altiplano Norte de Bolivia: datos para la caracterización de una oligarquía regional», ponencias presentadas al *V Simposio de Historia Económica de América latina*, Comisión de Historia Económica de CLACSO, Lima, 5-8 de abril de 1978 (mimeografiado).

68. Antonio García, «Bolivia: La reforma agraria y el desarrollo social», en Óscar Delgado, *Reformas agrarias en la América latina*, F.C.E., México, 1965, pp. 403-445, aquí pp. 407 y 424.

69. Perú es el único caso comparable: en 1949 existían 1.322 comunidades con un total de un millón de habitantes, para ésta y otras comparaciones cf. Oficina Internacional del Trabajo, *Poblaciones indígenas*, Ginebra, 1953, pp. 315-422.

pedición libertadora. En los tres años siguientes el mariscal
Sucre intenta aplicar un amplio programa de reformas liberales [70]
inspirándose en la obra de Rivadavia en Buenos Aires (1821-
1824) y en las reformas colombianas promulgadas en Cúcuta
(1821). Los cambios sólo tienen efecto duradero en el ámbito
de las relaciones entre la Iglesia y el Estado. En 1825 se con-
fiscan las propiedades del clero regular, se suprimen las cofra-
días, las capellanías y sacristías. En 1827 el gobierno pasa a controlar los diezmos. Para esa fecha el poder de las órdenes religiosas había sido destruido y el clero secular fue subordinado al
Estado. La reforma fiscal en cambio fue un fracaso completo. La
reducción de las alcabalas eleva considerablemente el consumo
de bienes europeos en detrimento de las artesanías de producción
interna. El tributo indígena es reemplazado por una contribución
directa que afecta a toda la población trabajadora y propietaria.
Las reacciones no se hacen esperar y ya en 1826 el gobierno debe
reimplantar el tributo. Frente al desastre fiscal se decretan «revisitas», destinadas a elevar las recaudaciones, y se recurre al crédito mediante bonos de deuda que permiten adquirir tierras públicas. La caída de Sucre y la invasión peruana precipitan el desastre final, en abril de 1828. En el saldo positivo de este breve
ciclo de reformas debe incluirse la supresión de la mita por Bo-
lívar (Cuzco, 1825). Pero la consecuencia más inmediata de los
experimentos fiscales será, en contrapartida, un aumento de la
concentración de la propiedad terrateniente.

La decadencia de la minería de exportación, un dato ya del
siglo XVIII, domina la agitada vida republicana hasta la década
de 1890. Es posible que la crisis, muy fuerte hasta 1850, haya
tenido un impacto limitado en la producción agrícola [71] destinada
(salvo la quina y la coca) al mercado interno. Los textiles arte-

---

70. Cf. William Lee Lofstrom, *The Promise and problem of Reform:
Attempted social and economic change in the first years of Bolivian Inde-
pendence*, Cornell University, Latin American Studies Program, Dissertation
Series n.º 35, 1972.
71. Cf. Herbert S. Klein, «El impacto de la crisis minera sobre la
sociedad rural en los primeros años de vida republicana en Bolivia: los
Yungas, 1783-1838», en *Historia y Cultura*, n.º 2, Universidad Mayor de San
Andrés, La Paz, 1976, pp. 125-150.

sanales, de lana y algodón, resisten, gracias a la caída de las exportaciones y a las medidas proteccionistas de Santa Cruz y Belzú, la competencia extranjera. El conjunto guarda una innegable fisonomía colonial: aduanas internas, tributo indígena, monopolio estatal en la comercialización de la plata y la extracción de la quina, más permanente que las inestabilidades de la escena política.

En la segunda mitad del siglo se operan las transformaciones necesarias para asegurar un nuevo auge minero que integrará firmemente la economía boliviana al mercado mundial. Debe notarse, en este proceso de cambios, un significativo desplazamiento regional. La minería de la plata, en auge moderado después de 1850, implicaba una conexión comercial y financiera con los intereses chilenos (Cobija y Antofagasta eran los puertos de exportación), lo cual convertía al sur del país en la región de mayor dinamismo económico. El ferrocarril Mollendo-Puno (1874), la guerra del Pacífico (1879-1883) y la crisis mundial de la plata contribuirán, junto con la aparición de nuevos rubros de exportación —el estaño y el caucho—,[72] al surgimiento de un nuevo circuito comercial en la región de La Paz.

En 1872 se decreta la libre exportación de plata en pasta. El capital extranjero, presente desde décadas atrás en la esfera comercial, adquiere el control de las empresas más rentables y moderniza las técnicas de extracción y de refinado. Pero ante la crisis de los precios de la plata esas empresas pasaron a exportar progresivamente el mineral bruto, sobre todo después de 1889 cuando el ferrocarril a Antofagasta queda concluido.

Centraremos ahora nuestra atención en el proceso de cambio agrario durante la segunda mitad del siglo XIX. Melgarejo decreta en 1866 la compra obligatoria de las tierras comunales, pasado un plazo éstas entrarán a remate público. El despojo de los indios es notable sobre todo en la región de La Paz, pero acaba provocando una insurrección masiva que termina con el gobier-

---

72. Hacia el año 1903 la producción de estaño en valor (938.000 libras esterlinas) supera a la de plata (818.000 libras esterlinas), datos de *Monthly Bulletin of the Bureau of the American Republics*, International Union of American Republics, Washington, Government Printing Office, mayo 1905, p. 373.

no de Melgarejo. A partir de entonces la estrategia terrateniente cambia. La «ley de exvinculación» del 5 de octubre de 1874 declara extinguidas las comunidades y ordena que se entreguen parcelas a los comuneros indios a través de «revisitas». Entre 1881 y 1899 el proceso de ventas se acelera y luego del breve interludio de la revolución federal (1898-1899) prosigue su curso ascendente hasta alrededor de 1920.

Silvia Rivera [73] ha estudiado en detalle el proceso de consolidación del latifundio en la importante región de Pacajes, mostrando cómo los hacendados que se apropian esas tierras son a la vez descollantes políticos (liberales y conservadores), fuertes participantes en el comercio y en la minería de exportación. Las haciendas proveen una renta estable que interesa mucho frente a los azares del negocio minero, y constituyen un activo negociable para obtener el financiamiento requerido.

Por otra parte, el avance sobre las comunidades también tendrá la función de expulsar mano de obra hacia los centros mineros. Con esto desaparecen paulatinamente los peones endeudados y la «mita voluntaria» y se va desarrollando un verdadero proletariado minero.

La expansión de las haciendas y la expropiación parcial de las comunidades constituyen, en consecuencia, un requisito esencial para la articulación entre los intereses terratenientes y mineros.

Ecuador [74]

Durante los siglos XVI y XVII la zona de la sierra ecuatoriana, que desde los tiempos precolombinos albergaba a una densa po-

73. Silvia Rivera Cusicanqui, *op. cit.*
74. Cf. Leonardo Mejía, Fernando Velasco *et. al.*, *Ecuador, pasado y presente*, Editorial Universitaria, Quito, Universidad Central, 1975; Michael T. Hamerly, *Historia Social y Económica de la antigua provincia de Guayaquil, 1763-1842*, trad. W. R. Spurrier, Guayaquil, Publicaciones del Archivo Histórico del Guayas, 1973; Robson Brines Tyrer, *The Demographic and Economic History of the Audiencia of Quito: Indian Population and the Textile Industry, 1600-1800*, Ph. D. Dissertation, University of California, Berkeley,

blación indígena, estuvo articulada al auge de la minería altoperuana. La producción de textiles de lana constituía la actividad económica dominante de la audiencia de Quito. Durante el siglo XVIII, la política comercial de los Borbones llevó a la pérdida paulatina, entre otros, del mercado peruano. Los obrajes decayeron notoriamente y se produjo la expansión de las haciendas sobre las tierras de las comunidades. Juan y Antonio de Ulloa[75] nos dejaron de este último proceso una caracterización imborrable. También percibieron, a mediados del siglo XVIII, la importancia creciente de la costa insalubre y poco poblada. Guayaquil poseía los únicos astilleros importantes del Pacífico. Como puerto comercial competirá con el Callao y en el siglo XIX disputará a Valparaíso la primacía portuaria. La prosperidad de la costa se basaba, casi enteramente, en la exportación de cacao.[76]

Las reformas comerciales del siglo XVIII favorecieron los intercambios que de todas maneras existían desde principios del siglo XVII con Nueva España. Hacia 1800 la costa ecuatoriana exportaba más del 50 % del cacao que se consumía en México. Pero dicho incremento tropezaba continuamente con múltiples trabas mercantilistas que otorgaban preferencia al cacao venezolano en el mercado metropolitano y que subordinaba el comercio de Guayaquil a los intereses peruanos. No conocemos bien la estructura de la producción cacaotera en los siglos XVIII y XIX. Los esclavos negros proporcionaron una parte de la mano de obra hasta comienzos del siglo XIX, pero Hamerly ha demostrado que estuvieron lejos de alcanzar el número indicado por Phelan.[77] En 1780 había 2.107 esclavos en toda la provincia de

1976; Pontificia Universidad Católica del Ecuador, *Apuntes para una discusión sobre los cambios en la estructura agraria serrana*, Quito, Departamento de Ciencias Políticas y Sociales, agosto de 1976 (mimeografiado).

75. Cf. Juan y Antonio de Ulloa, *Noticias Secretas de América*, Editorial Nova, Buenos Aires, 1953.

76. Cf. Michael T. Hamerly, *op. cit.*; Adam Szasdi Nagy y Dora León Borja, «El comercio del cacao de Guayaquil», en *Revista de Historia de América*, n.° 57-58, enero-diciembre, 1964, pp. 1-50.

77. J. L. Phelan (*The Kingdom of Quito in the Seventeenth Century: Bureaucratic Politics in the Spanish Empire*, Madison, 1967) habla de 60.000 esclavos; Hamerly corrige la cifra, reduciéndola a 2.500, *op. cit.*, pp. 15-16.

Guayaquil; en 1825 quedaban 1.768. Debe notarse que el mayor auge cacaotero de la costa ocurre precisamente entre 1780 y 1800. La falta de brazos fue queja corriente de los hacendados en esos años y fue solucionada con una migración de población de la sierra mientras se registra en general un aumento de los mestizos y de los pardos (mulatos, zambos y negros libres). Todo esto permite presumir que los jornaleros libres y peones concertados constituyen el tipo de mano de obra que va reemplazando progresivamente a los esclavos. Sí sabemos, por otra parte, que este auge cacaotero de fin del período colonial consolida el latifundio en las planicies de Guayas y el litoral sur.[78]

La reforma liberal ecuatoriana es, como proceso político, el más largo de toda la historia de América latina. Desde el intento de Vicente Rocafuerte (1834-1839) hasta la era de Eloy Alfaro (1895-1911) se escalonan un período reformista a mediados del siglo (manumisión de los esclavos, supresión del tributo indígena, Código civil) y una férrea ofensiva conservadora que culmina en la autocracia de García Moreno (1859-1875). El enorme poder de la Iglesia[79] constituirá el problema fundamental de la reforma ecuatoriana. En el año 1904 se decreta definitivamente la libertad de cultos y en 1908 se nacionalizan los bienes de «manos muertas», creándose con sus rentas las Juntas de beneficencia. La explicación de una persistencia tan larga del poder eclesiástico debe buscarse en el hecho de que no existieron contradicciones entre los intereses de los terratenientes de la sierra y la considerable fortuna territorial de la Iglesia. La burguesía exportadora, localizada en la costa, tampoco entra en un conflicto frontal con los intereses señalados anteriormente y puede afirmarse que la dinámica de la economía agroexportadora depende estrechamente de una conexión con la sierra, que proporciona la mayor parte de los bienes de subsistencia y la mano de obra. La infraestructura vial era por cierto ineficiente. Durante el período de García Moreno se construye una carretera entre Quito y Guayaquil, pero como constata el viajero francés Wiener, hacia 1880

78. Michael T. Hamerly, *op. cit.*, p. 109.
79. Cf. Oswaldo Albornoz P., *Historia de la acción clerical en el Ecuador*, Ediciones Solitierra, Quito, 1977².

en Ecuador todavía «la mula es la base de la sociedad humana».[80] El ferrocarril, inaugurado en 1908, proporcionará una solución definitiva. A partir de entonces no sólo la articulación entre la sierra y la costa será económicamente cada vez más significativa sino que también varios productos serranos como el maíz, la harina y las papas comenzarán a exportarse con algún éxito.[81] La expropiación de las tierras de la Iglesia tuvo, como efecto adicional, una liberación progresiva de la mano de obra. Aunque el Estado no suprime las deudas de los peones, al pasar a administrar las propiedades eclesiásticas, la falta de continuidad en la reglamentación de las deudas crea una brecha jurídica que facilita dicha liberalización. En 1918 al suprimirse la prisión por el incumplimiento de deudas contraídas por el jornalero agrícola, es decir al eliminarse el *concertaje,* desaparece la coacción jurídica y es posible una migración todavía mayor hacia la costa. La respuesta terrateniente fue un incremento en el número de los *huasipungueros* de las haciendas y el endurecimiento en sus condiciones de trabajo pero desconocemos los alcances efectivos de dicha medida.[82]

Una observación final sobre la situación de la población indígena. Al parecer las comunidades de la sierra perdieron la mayor parte de sus tierras en el siglo XVIII. A través de un proceso que no conocemos con claridad, el desarrollo de las formas de trabajo dependientes (huasipungos y conciertos) no eliminó por completo los hábitos, las prácticas y las formas culturales de la comunidad indígena.[83]

---

80. *El Ecuador visto por los extranjeros* (viajeros de los siglos XVIII y XIX), Estudio y selecciones de Humberto Toscana, Editorial J. M. Cajica, Puebla (México), 1960, p. 32.
81. Pontificia Universidad Católica del Ecuador, *Apuntes para...,* op. cit., pp. 42-47.
82. *Op. cit.,* pp. 49-50.
83. Para 1948 la mayoría de las comunidades indígenas tradicionales, es decir, que disponían de tierra, habían desaparecido, quedaban 189 comunidades con 118.000 habitantes, mientras que la población indígena de la sierra se estimaba en 1.000.000. Cf. César Cisneros, «Comunidades indígenas del Ecuador», en *América Indígena,* vol. IX, n.º 1, enero de 1949, pp. 37-55.

Guatemala [84]

Después del fracaso de la Federación centroamericana y su intento liberal (1839), el régimen conservador de Rafael Carrera y posteriormente de Vicente Cerna estuvo basado en una alianza de los burócratas y comerciantes de la capital, la Iglesia y una masa rural numerosa dedicada al cultivo del nopal y a la explotación de la grana o cochinilla, producto de tinte cuyo auge fue alcanzado en 1854, y cuya zona de producción se extendía sobre todo en los alrededores de la capital (Antigua, Amatitlán, Guatemala, Petapa, etc.). Las fincas eran cuidadas por ladinos y mestizos que eran aparceros y arrendatarios en tierras pertenecientes a criollos ausentistas de la capital, o propietarios. Tratándose de plantaciones pequeñas y de un producto de valor relativamente alto por unidad de volumen, no se creó un sistema amplio de crédito rural, ni tampoco una red de transportes. Los comerciantes capitalinos y la Iglesia proveían el financiamiento en forma de adelantos a las cosechas que compraban y exportaban; el embarque se hacía por el Pacífico, y la grana llegaba al litoral a lomo de mula o cargada por indios. Como la exigencia de mano de obra no era grande, las comunidades indígenas de las tierras altas fueron, en gran medida, dejadas en paz; la masa indígena constituía, por cierto, uno de los pilares de sustentación del régimen conservador.

Sin embargo, la grana dejó de ser una solución viable para la economía nacional, lo que empezó a evidenciarse hacia mediados del siglo XIX. Además de ser un producto demasiado vul-

84. Thomas R. Herrick, *Desarrollo económico y político de Guatemala durante el período de Justo Rufino Barrios (1871-1885)*, trad. de Rafael Piedra Santa, Editorial Universitaria de Guatemala - EDUCA, Guatemala, 1974; George E. Britnell, Sanford A. Mosk *et. al.*, *Economía de Guatemala*, Seminario de Integración Social guatemalteca, Guatemala, 1958; Augusto Cazali Ávila, «El desarrollo del cultivo del café y su influencia en el régimen del trabajo agrícola. Época de la reforma liberal (1871-1885)», *I Congreso Centroamericano de Historia Demográfica, Económica y Social*, Costa Rica, febrero de 1973 (mimeografiado); Alfonso Bauer Paiz, *Catalogación de leyes y disposiciones de trabajo de Guatemala del período 1872 a 1930*, Universidad de Guatemala, Guatemala, 1965 (mimeografiado); Ciro F. S. Cardoso y Héctor Pérez Brignoli, *Centroamérica y...*, *op. cit.*

nerable a las plagas y variaciones climáticas, la cochinilla de
Guatemala —país que era el principal productor— empezó a
sufrir la competencia de las nopaleras de las islas Canarias, y desde 1858, de los colorantes sintéticos. La expansión de la grana
había estado muy ligada a la de los textiles de Europa, británicos
sobre todo y en la década de 1860 se presenta una coyuntura
crítica: cae la demanda y también los precios del producto. Esto
creó una situación difícil, puesto que no existían todavía alternativas bien establecidas. Fue en este contexto que la expansión
del café se volvió irresistible.

Desde mediados del siglo pasado, el gobierno conservador
había empezado a propiciar débilmente el cultivo del café y de
algunos otros artículos, reanudando los esfuerzos de los últimos
gobiernos coloniales (exoneraciones fiscales de 1803) y de Gál-
vez (premios a la producción de café). En la época del primer intento liberal, algunos cafetales se habían plantado en Santa Lucía, Escuintla, Zacapa y Antigua. La Sociedad económica de los
amigos del país hizo mucho por la difusión del producto y de
las técnicas necesarias para su cultivo y beneficio, las cuales eran
al principio absolutamente desconocidas.

Con la expansión gradual del producto, se iba constituyendo
un grupo social ligado al café y dispuesto a defender sus intereses. Algunos de los cafetales, en Escuintla y Suchitepéquez, fracasaron, pero otras plantaciones surgían en Petapa, La Paz y So-
lolá. Hacia 1862, el mismo Carrera demostró estar consciente del
agotamiento de la fase de la grana y de la necesidad de otra solución, pero ni él ni su sucesor, Cerna, podían llevar a cabo una
decidida política de reformas, sin la cual el café no alcanzaría su
desarrollo pleno: no podían hacerlo porque ello significaría sa-
cudir en profundidad las bases mismas de su poder. El café ne-
cesitaba un cambio radical del sistema de tenencia de la tierra,
del crédito agrícola, del control sobre la mano de obra y del sistema de transportes. La revolución liberal de 1871 —organizada desde México y bajo influencia directa de la ideología liberal
mexicana—, llevando al poder a García Granados y después a
Justo Rufino Barrios (1873-1885) realizó las reformas necesarias.
Hay indicios de que, hacia fines del gobierno de Cerna, los gru-

pos mercantiles de la ciudad de Guatemala trataban ya de establecer una alianza con los cafetaleros emergentes. Las exportaciones de·grana declinaron hasta desaparecer virtualmente en 1884.

Los tres procesos que cambiaron el sistema de tenencia de la tierra en un sentido favorable a la expansión del café, y que constituyen la llamada reforma agraria liberal, son: 1) la nacionalización de las propiedades eclesiásticas; 2) la abolición del censo enfitéutico; 3) la política de venta y distribución de baldíos. En el conjunto, el objetivo perseguido fue la transformación de la propiedad de la tierra, limitada por supervivencias coloniales, en una propiedad cabal, libre de trabas, cuya transferencia resultara fácil.

Luego de algunas medidas parciales contra los monasterios y conventos (con la toma de sus bienes), en 1873 el Estado liberal decidió el traslado a una oficina del gobierno del control del conjunto de las propiedades eclesiásticas, seguido de su confisco. La Iglesia poseía en Guatemala grandes extensiones de tierras rurales y muchos inmuebles urbanos. En numerosos casos, se trataba de bienes que escapaban a las transacciones comerciales por encontrarse inmovilizados (manos muertas). Además, la Iglesia se había siempre identificado políticamente con los conservadores. Las propiedades eclesiásticas incautadas sirvieron de respaldo al Banco nacional creado entonces. Muchas de las tierras antes pertenecientes a la Iglesia fueron distribuidas gratuitamente o vendidas, con la especificación, muchas veces, de que deberían ser plantadas de café y otros productos de valor comercial.

La abolición del censo enfitéutico se dio en 1877. Dicho sistema consistía en una forma de alquiler de la tierra que creaba derechos perpetuos de ocupación por parte del arrendatario, aunque la propiedad formal no cambiaba de manos. La ley que extinguió este tipo de censo especificaba que los arrendatarios deberían comprar las tierras que ocupaban, disponiendo para ello de un plazo de seis meses. El precio fue fijado según el principio (arbitrario) de que el monto del alquiler anual era equivalente al 3 % del valor de la parcela. El pago se haría al gobierno, pero las municipalidades en cuya jurisdicción se encontraran las tierras así vendidas recibirían un interés de 4 % sobre dicha transacción. Aunque el precio fijado no era alto, pocos indios o ladinos pobres tenían la posibilidad de reunir el dinero necesario en seis meses. La ley de 1877, en tales circunstancias, parece haber cumplido la función de desposeer a muchos ocupantes de tierras comunales o ejidales arrendadas, ya que preveía la venta en subasta pública si los ocupantes no las compraban dentro del plazo fijado. 74.250 hectáreas de tierras fueron redimidas de censo por la aplicación de esta ley.

En lo que concierne a la adjudicación de baldíos —a los cuales se incorporaron también tierras eclesiásticas y lotes arrendados en censo enfitéutico no adquiridos por sus ocupantes—, la política de los gobiernos liberales fue de distribuirlos o venderlos en fáciles condiciones de pago, para favorecer el cultivo del café (como en El Palmar, Costa Cuca y Salamá) y de otros productos. Los fondos obtenidos de tales ventas fueron con frecuencia empleados en la adquisición de máquinas beneficiadoras de café para uso colectivo de los nuevos plantadores. De 1871 a 1883 fueron vendidas 397.755 hectáreas de tierras públicas. Se consideraban como baldíos igualmente las tierras ocupadas sin un título formal de propiedad, así que hubo casos de ocupantes expulsados por la fuerza de sus lotes. La intención del gobierno era de favorecer la constitución de medianas propiedades, evitando la formación de latifundios, pero, como en México, tal finalidad no fue alcanzada.

Aunque en ciertos casos —probablemente en la zona cafetalera sobre todo— la reforma agraria liberal provocó la desposesión de campesinos, en el caso de Guatemala no se abolió el sistema de ejidos y tierras comunales, que siguió vigente en buena parte del país. A veces, el gobierno mismo trató de adjudicar nuevas extensiones de ejidos a pueblos mal provistos, comprando haciendas con tal finalidad.

La mayoría de la población guatemalteca estaba constituida por indígenas comunitarios, los cuales seguían teóricamente sometidos a los sistemas coloniales de prestación de trabajo: pero ya hemos visto que, durante la fase conservadora, siendo modestos los requerimientos de mano de obra de la cochinilla, poca presión fue ejercida sobre las comunidades de las tierras altas.

El café, sin embargo, requería más brazos, y en sus inicios la caficultura guatemalteca sufrió serios problemas por la escasez de trabajadores. Las fincas cafetaleras estaban ubicadas en zonas casi despobladas de la costa y de la bocacosta. Los jornaleros disponibles eran pocos, y aunque se utilizaba el sistema de reclutar trabajadores indígenas haciéndoles préstamos o avances, había quejas constantes de que estos últimos no cumplían con las obligaciones contraídas, sin que existieran mecanismos de coerción que los forzaran a ello.

Las medidas del gobierno liberal respecto de la cuestión de la mano de obra fueron numerosas y de diversos tipos. En marzo de 1876, una circular de Barrios a los jefes políticos especificaba claramente que deberían proporcionar a los finqueros que lo pidieran el número de mozos que necesitaran, hasta un máximo de cien, sacados de las comunidades indígenas de su jurisdicción, garantizando su relevo por otros trabajadores a intervalos regulares, durante el tiempo que exigieran los trabajos agrícolas en curso. Los jornales se pagarían por anticipado al alcalde o gobernador del pueblo de origen de los mozos, fijándose el monto según las costumbres vigentes en la región. Los trabajadores que no cumplieran con las obligaciones impuestas serían castigados; además, las autoridades locales deberían velar de una manera general por la represión de la ociosidad y la vagancia.

Pero la pieza maestra del sistema de control sobre la mano de obra que iba a durar unos setenta años en Guatemala, fue el reglamento de jornaleros de abril de 1877. Este decreto —por el cual el gobierno recibió efusivos agradecimientos de los hacendos— y otra ley del mismo año, la que abolía el censo enfitéutico, formaban un solo cuerpo. La desposesión de una masa de indios y ladinos pobres creaba una reserva de mano de obra, y se complementaba con dispositivos que permitían el reclutamiento forzoso, por ciertos períodos, de indios provenientes de las comunidades de las tierras altas, completando así el aprovisionamiento de brazos que necesitaban las plantaciones. El reglamento de jornaleros era un instrumento legal que brindaba a los finqueros importantes y a las autoridades locales la facultad de forzar los indios comuneros al trabajo en las fincas, sometiéndolos —como también a los peones residentes— a un control rígido. En septiembre de 1878 una ley de represión a la vagancia vino a completar el aparato de control sobre la mano de obra rural.

La revolución liberal trató de dotar a Guatemala de un sistema financiero moderno. El diezmo eclesiástico fue abolido. Los bienes de la Iglesia, confiscados en 1873, sirvieron de respaldo a la creación de un banco nacional, que al año siguiente pasó a funcionar como un banco comercial corriente de depósitos, crédito y emisión. El fracaso del Banco Nacional llevó a que a partir de 1877 se permitiera la instalación de bancos comerciales privados. El Código civil (1877) reglamentó los préstamos hipotecarios sobre tierras y volvió obligatorio el registro público de propiedades e hipotecas. En el conjunto, la política financiera de la reforma liberal no fue del todo exitosa, en particular en su aspecto monetario, y en su incapacidad de eliminar del todo la usura (practicada principalmente por plantadores alemanes con vínculos crediticios en Hamburgo y Bremen).

Finalmente, el gobierno liberal trató de incentivar la construcción de caminos y ferrocarriles, la creación de un puerto en el Atlántico y efectuó contratos con compañías navieras extranjeras, todo ello en función de la comercialización del café. El sistema de ferrocarriles, empezado con capitales nacionales y tecnología foránea, terminó bajo el control total de capitales norteamericanos (proceso que se completó en 1912).

D) LA COLONIZACIÓN EN ÁREAS VACÍAS

Nos ocuparemos ahora de aquellos casos en los cuales la transición al capitalismo dependiente se produce a través de un proceso de colonización en una región vacía que, durante el auge exportador, adquirirá un rol dominante en el conjunto de la economía nacional.

1. FACTORES GENERALES

Las nociones de «frontera» y de «oferta ilimitada de tierras» acuden de inmediato a la mente. Frontera exige una calificación previa: agrícola, cultural, tecnológica... y es indudable que para pasar del estadio de la descripción a un esbozo de explicación, resulta imprescindible la referencia a las características estructurales de la sociedad en cuestión.[85] La idea de oferta ilimitada de tierras exige calificaciones aún más precisas. Convendría aplicarla, a riesgo de provocar confusiones inútiles, sólo si se dispone de un modelo más o menos explícito de crecimiento económico.[86]

El mapa 5 muestra, en grandes rasgos, las zonas de Suramérica efectivamente ocupadas en el período de la Independencia y las áreas de colonización en los siglos XIX y XX. Como puede verse, la expansión de la frontera afecta a todo el continente. Pero la importancia económica de esos traslados de población es desigual. En unos casos (la mayoría) se trata de movimientos de penetración relativamente lentos, que guardarán durante mucho tiempo el carácter pionero, las actividades económicas de esas zonas, aun cuando de importancia, seguirán siendo secundarias en el conjunto de la economía nacional. La colonización de la zona selvática en Ecuador, Perú y Bolivia tiene ese carácter, y algo parecido sucede en ciertas áreas interiores de Paraguay, Brasil y el sur de Chile. En otros casos, asistimos a una ocupación de territorio mucho más rápida y al surgimiento de una pujante economía de exportación que adquiere un rango dominante. Las llanuras del Río de la Plata, São Paulo y en menor medida Amazônia en Brasil, la región de Antioquia en Colombia y el valle central de Costa Rica constituyen los ejemplos más significativos.

Para caracterizar estos procesos de colonización examinaremos tres variables fundamentales: las condiciones de acceso a la

85. Cf. Enrique Florescano, Tulio Halperin Donghi, *et. al., Tierras nuevas, expansión territorial y ocupación del suelo en América (siglos XVI-XIX)*, El Colegio de México, México, 1973.
86. Un intento de aplicación al caso argentino, algo discutible, se encuentra en Guido Di Tella, *La estrategia del desarrollo indirecto*, Editorial Paidós, Buenos Aires, pp. 51-63.

propiedad de la tierra; las características del poblamiento; la penetración del capital extranjero (ferrocarriles, comercio, etc.). Una tipología operacional de los distintos casos puede construirse distinguiendo dos situaciones: una en la cual la inmigración europea es masiva y aporta el grueso del poblamiento (Argentina, Uruguay y Brasil); otra, en la cual la migración interna juega el rol decisivo (Colombia y Costa Rica).

2. LOS TIPOS BÁSICOS DE COLONIZACIÓN

Argentina: la región pampeana [87]

La economía del virreinato del Río de la Plata tenía dos centros de gravedad: el alto Perú, cuya minería menguaba en la mayor parte del siglo XVIII, y Buenos Aires, puerto y capital, con una actividad mercantil cada vez más importante. Entre estos dos polos se situaba el interior de la Argentina actual, dedicado a actividades agrícolas diversificadas (cereales, caña de azúcar, viñedo, olivares), artesanías diversas y una ganadería orientada hacia la producción de mulas destinadas al transporte. La extensión geográfica de las rutas comerciales y la precariedad de las comunicaciones hacían depender a la economía del virreinato de un delicado equilibrio interregional que se rompió con el desarrollo muy rápido de la región pampeana. La hegemonía económica y política del litoral argentino comenzó con la creación misma del virreinato en 1776, pero adquirió forma definitiva hacia fines del siglo XIX cuando el ferrocarril integró las economías del interior en un verdadero mercado nacional.

La ganadería rioplatense se desenvuelve en función de las ex-

87. Cf. Mark Jefferson, *Peopling the Argentina Pampa*, American Geographical Society, Nueva York, 1926; Carl Solberg, *Immigration and Nationalism*, Argentina y Chile, 1890-1914, The University of Texas Press, Austin-Londres, 1970; James R. Scobie, *Revolución en las Pampas*, trad. F. Mazía, Solar/Hachette, Buenos Aires, 1968; Torcuato S. Di Tella, *et. al.*, *Argentina, Sociedad de Masas*, Eudeba, Buenos Aires, 1965; Torcuato S. Di Tella y Tulio Halperin Donghi (eds.), *Los fragmentos del poder,* Ed. Jorge Álvarez, Buenos Aires, 1969; Tulio Halperin Donghi, «Argentina», en *Latin America, A guide...*, *op. cit.*, en n. 35, pp. 49-162.

MAPA 5

La frontera en Sudamérica en los siglos XIX y XX

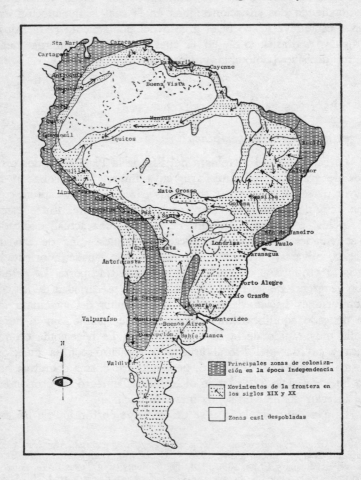

FUENTE: G. J. Butland, «Frontiers of Settlement in South America», en *Revista Geográfica*, núm. 65, Instituto Panamericano de Geografía e Historia, Río de Janeiro, diciembre de 1966, pp. 93-107.

portaciones de cuero y sebo, y desde principios del siglo XIX con la difusión del «saladero», de tasajo. Se trataba de una actividad completamente extensiva, en la cual el mayor valor de la inversión estaba constituido por el ganado.[88] Como las alternativas de la guerra de la Independencia arruinaron la ganadería de Entre Ríos y Uruguay, desde alrededor de 1815, la campaña de Buenos Aires resulta principal beneficiaria de las perspectivas comerciales favorables para esos productos. La ganadería del «saladero» entra en crisis en la década de 1830: grandes sequías en 1830-1832 y el bloqueo francés 1838-1839; hacia 1840 entran a competir los «saladeros» del sur de Brasil, Santa Fe, Corrientes y Entre Ríos. Es en esa coyuntura desfavorable que ciertos ganaderos introducen ovejas de raza merino abriendo el camino para las exportaciones lanares.

El ciclo de la lana cambia radicalmente, desde mediados del siglo, las características del desarrollo ganadero. El mestizaje y el mejoramiento racial de los animales, el cercado y alambramiento de los campos, y mano de obra con cierta especialización, se tornaron requisitos indispensables. Entre 1865 y la década de 1880 las lanas representaron casi el 50 % del total de exportaciones; el resto se repartía entre los cueros, el tasajo y otros productos del saladero.

Los dos procesos de expansión que acabamos de resumir exigieron un avance creciente de la frontera hacia el sur y el oeste de la pampa. La primera expansión, notoria en los años 1820, culmina con la campaña al desierto de Rosas en 1833. Las leyes de enfiteusis dictadas en 1822 y 1826 se convierten en la práctica en un mecanismo de venta de las tierras públicas, cosa que sucede sobre todo en la década siguiente. Puede afirmarse que entre 1820 y 1830 se constituyen las principales fortunas terratenientes de la campaña de Buenos Aires.[89] El segundo proceso

88. Cf. Tulio Halperin Donghi, «La expansión ganadera, en la campaña de Buenos Aires (1810-1852)», en Los fragmentos del poder, op. cit., pp. 21-73; Alfredo J. Montoya, Historia de los saladeros argentinos, Editorial Raigal, Buenos Aires, 1956.
89. Cf. Jacinto Oddone, La burguesía terrateniente argentina, Ediciones Libera, Buenos Aires, 1967[3]; Andrés M. Carretero, «Contribución al conocimiento de la propiedad rural en la provincia de Buenos Aires para 1830», en

de expansión, vinculado al ovino, culmina con la campaña al desierto de Roca en 1879 y el exterminio de los indios. La apropiación masiva de las nuevas tierras y la consolidación de una poderosa clase terrateniente constituyen los aspectos más notorios de este proceso.[90]

La inmigración europea cobrará auge recién hacia 1880. En una primera fase, iniciada hacia 1840, arriban cantidades moderadas de inmigrantes. Ciertos grupos de irlandeses, escoceses, vascos y franceses participan activamente en la introducción de la ganadería ovina y logran integrarse, gracias al éxito económico, a la clase terrateniente del litoral.

Entre 1850 y 1890 se produce en Santa Fe un proceso de colonización agrícola[91] que, gracias a la acción enérgica del gobierno provincial, logra dotar a los inmigrantes de pequeñas y medianas propiedades. La zona central de Santa Fe, que se beneficiaba del transporte fluvial, fue la que conoció el mayor desarrollo en este sentido. Pero al extenderse la colonización hacia el sur de la provincia, acompañada ya desde 1870 por las líneas ferroviarias, el paisaje agrario resultante deja de ser el de predominio de la pequeña y mediana propiedad. La combinación entre ganadería y agricultura, visible hacia 1880 en el sur de Santa Fe y en el norte de la provincia de Buenos Aires, se convertirá en los años siguientes en el rasgo más típico de la estructura agraria de la región pampeana. La crisis de 1890 pone fin en Santa Fe al mencionado proceso de colonización.

La inmigración masiva, que entre 1903 y 1904 alcanza saldos

Boletín del Instituto de Historia Argentina, Dr. Emilio Ravignani, t. XIII, segunda serie, n.° 22-23, 1970, pp. 245-292; Andrés M. Carretero, *La propiedad de la tierra en la época de Rosas*, Editorial El Coloquio, Buenos Aires, 1972.

90. Cf. J. Oddone, *op. cit.*; Miguel Ángel Cárcano, *Evolución histórica del régimen de la tierra pública, 1810-1916*, Eudeba, Buenos Aires, 1972[3] (1.ª ed. 1917); Roberto Cortés Conde, «Algunos rasgos de la expansión territorial en Argentina en la segunda mitad del siglo XIX», en *Desarrollo Económico*, abril-junio de 1968, pp. 3-29; Romain Gaignard, «Origen y evolución de la pequeña propiedad campesina en la pampa Argentina», en *Desarrollo Económico*, abril-junio de 1966, pp. 55-76.

91. Cf. Ezequiel Gallo, «Ocupación de tierras y colonización agrícola en Santa Fe (1870-1895)», en *Tierras Nuevas, op. cit.*, pp. 92-104.

superiores a las 100.000 personas por año, conoce otro destino.
Estos agricultores europeos llegarían a una pampa ocupada en
cuanto a los derechos de propiedad sobre la tierra. Las leyes de
colonización dictadas a escala nacional no tuvieron aplicación efectiva.[92] El gran propietario ganadero procedió entonces a ceder
parcelas de campo a los colonos inmigrantes, a través de un contrato de arrendamiento o aparcería, que duraba en promedio unos
cinco años, y que exigía la entrega final del campo sembrado con
alfalfa, forrajera esta última indispensable para el engorde de
ganado vacuno de calidad. Este modelo de asociación entre agricultura y ganadería permitió, por la abundancia y fertilidad de
las tierras, una expansión sin precedentes de los saldos exportables de cereales y lino, por una parte, y de productos ganaderos
por otra. Conservó la hegemonía del sector terrateniente y de-
terminó un desarrollo agrícola caracterizado por escasas inversiones.

La afluencia de capital extranjero, particularmente británico,
fue esencial en este proceso de expansión agrícola. Para 1900 la
red ferroviaria totalizaba 17.000 km, en vísperas de la primera
guerra mundial alcanzaba 34.000 km. La red, extendida en abanico desde el puerto de Buenos Aires, no sólo aportó el transporte indispensable para los productos exportables, subordinó de
hecho la economía argentina a los intereses británicos, dando
forma final a lo que H. S. Ferns [93] denominó una «ecuación política anglo-argentina». El ferrocarril integró definitivamente las
economías del interior en un verdadero mercado nacional. La
hegemonía política de los terratenientes de Buenos Aires se asen-
tó entonces sobre bases más duraderas, con un poder que a
escala nacional implicó acuerdos con las oligarquías provinciales.
Así, el azúcar de Tucumán y el vino de Cuyo no sólo lograron
supervivir; pudieron también expandirse al calor del auge de la
zona pampeana.[94]

92. Cf. Miguel Ángel Cárcano, *op. cit.*; Gastón Gori, *Inmigración y
colonización en la República Argentina*, Eudeba, Buenos Aires, 1964.
93. H. S. Ferns, *Gran Bretaña y Argentina en el siglo XIX*, trad. A. L.
Bixio, Editorial Solar/Hachette, Buenos Aires, 1968, pp. 486 y ss.
94. Para una descripción de las economías regionales desde fines del

Uruguay [95]

Hasta 1811 la Banda oriental era una inmensa estancia ganadera que giraba en torno al puerto de Montevideo. La competencia de esta última plaza con Buenos Aires, notoria desde finales del siglo XVIII, se ahondó con las rivalidades políticas de los años 1808-1810. De esos años a la independencia, obtenida en 1828, transcurre un período de luchas incesantes que arruinan por completo la industria saladeril. Artigas, que encabezaba un movimiento de amplias bases populares, intentó durante el efímero gobierno de la «Patria vieja» (1815-1817) una verdadera «reforma agraria».[96] El «Reglamento provisorio», redactado en 1815, promovía la colonización disponiendo la adjudicación de los terrenos disponibles «...con prevención que los más infelices serán los más privilegiados...». «En consecuencia, los negros libres, los zambos de esta clase, los indios y criollos pobres, todos podrán ser agraciados con suerte de estancia, si con su trabajo y hombría de bien propenden a su felicidad y a la de la provincia.» También establecía en su artículo 12, que «los terrenos repartibles son todos aquellos de emigrados, malos europeos y peores americanos que hasta la fecha no se hallan indultados por el jefe de la provincia para poseer sus antiguas propiedades». Es sabido que la invasión portuguesa, a la que no fueron ajenas las maquinaciones de Buenos Aires, puso fin en 1817 al experimento artiguista.

La independencia no trae la paz. Los conflictos intestinos, con

siglo XIX hasta los años 1920, cf. Pierre Denis, *La République Argentine, la mise en valeur du pays,* Armand Colin, París, 1920.

95. Cf. Juan Antonio Oddone, *La formación del Uruguay moderno,* Eudeba, Buenos Aires, 1966; Simon Hanson, *Utopia in Uruguay,* Nueva York, 1938; Luis Carlos Benvenuto, *Breve historia del Uruguay* (Economía y Sociedad), Editorial Arca, Montevideo, 1967; Raúl Jacob, «Algunas consideraciones acerca de la formación económica del Uruguay 1726-1930», ponencia presentada al *V Simposio de Historia Económica de América latina,* Comisión de Historia Económica de CLACSO, Lima, 5-8 de abril de 1978 (mimeografiado).

96. Cf. Nelson de la Torre, Julio Rodríguez y Lucía Sala de Touron, *La Revolución agraria artiguista,* Montevideo, 1969 (2.ª ed., Siglo XXI, México, 1978).

regulares intervenciones de los vecinos argentinos y brasileños, dificultan el trabajoso resurgimiento ganadero: la guerra Grande (1839-1851), luchas civiles hasta el triunfo de Venancio Flores (1851-1865), la guerra del Paraguay (1865-1870), nuevos conflictos desde el asesinato de Flores (1868) que concluyen temporalmente con la paz de 1872. Recién bajo el gobierno del coronel Latorre (1875-1880) se logra cierta estabilidad institucional que no acabará de completarse hasta 1904.

La apropiación efectiva del suelo ocurrirá, después de la guerra Grande, con la difusión del alambrado,[97] y alcanzará su ritmo más intenso después de 1871. Debe notarse que como el alambramiento precedió a la mensura general del país, no hubo control alguno sobre las tierras fiscales. El *Código rural* de 1876 definió jurídicamente las propiedades, y a través de la reforma de 1879 que estableció la «medición forzosa» en la construcción de las alambradas, perjudicó a los propietarios menores, que de no poder enfrentar los gastos del cercado tuvieron que vender tierras y ganado. La pacificación de la campaña y la centralización del poder más o menos efectivas desde el gobierno de Latorre, constituyeron la condición política para estos cambios que reflejan también la lenta agonía del saladero y el auge creciente de las exportaciones de lana.

Con la penetración creciente del capital británico,[98] muy notoria después de 1870, se delinea una ecuación de intereses, similar, por otra parte, a la que ya existía en la otra orilla del Plata, que enlaza terratenientes y comerciantes, puerto y campaña, Londres y Montevideo, en un círculo estrecho, que puede considerarse completo con la aparición del frigorífico hacia fines del siglo XIX.

La inmigración europea jugó un papel preponderante en la configuración del Uruguay.[99] En la década de 1830 comienza la

97. Cf. Raúl Jacob, *Consecuencias sociales del alambramiento (1872-1880)*, Ediciones de la Banda Oriental, Montevideo, 1969.

98. Cf. Peter Winn, «British Informal Empire in Uruguay in the Nineteenth Century», en *Past and Present*, n.° 73, noviembre 1976, pp. 100-126.

99. Cf. Juan Antonio Oddone, *op. cit.*

llegada de contingentes reducidos, de franceses, italianos y españoles. El censo general de 1852 arrojó un total de 131.969 habitantes, de los cuales el 22 % eran extranjeros. Los colonos europeos continuaron llegando, en escala reducida, durante la segunda mitad del siglo. Muchos se integraron a las faenas ganaderas (sobre todo a la cría del ovino) y acabaron formando parte de la clase terrateniente. Nótese que al constituirse la «Asociación rural del Uruguay» en 1871, de la nómina de 165 fundadores un 32 % eran extranjeros. Pero una vez delimitada la propiedad rural, una expansión ganadera extensiva como la uruguaya, que por razones ecológicas no podía acudir a la asociación con la agricultura, no dejaba ya lugar para nuevos colonos.

Los saldos migratorios crecen con el nuevo siglo hasta alcanzar un promedio anual cercano a 20.000 entre 1906 y 1914. El censo de 1908 indicó que el Uruguay tenía un millón de habitantes, de los cuales el 17 % eran extranjeros. En Montevideo había 309.231 habitantes, es decir, la tercera parte del total del país. Este fenómeno de macrocefalia no era nuevo, puede decirse que existe desde la fundación de Montevideo en 1726, en una campaña casi despoblada. Pero ahora no era sólo la expresión pasajera de los trastornos civiles o de una inesperada prosperidad portuaria. Reflejaba, en verdad, un crecimiento económico extensivo, que sólo podía absorber mano de obra adicional a través de un sector de servicios cada vez más hipertrofiado y de incipientes actividades industriales.

Brasil: São Paulo y Amazônia [100]

La crisis final del sistema esclavista coincidió, como vimos páginas atrás, con la decadencia de las plantaciones de café en

---

100. Cf. Caio Prado Junior, *Historia Económica del Brasil,* trad. H. Jofre Barroso, Editorial Futuro, Buenos Aires, 1960; Affonso de E. Taunay, *Pequenha História do Café no Brasil,* Edição do Departamento Nacional do Café, Río de Janeiro, 1945; Carlos Guilherme Mota (ed.), *Brasil em Perspectiva,* Difusao Européia do Livro, São Paulo, 1973⁴; Celso Furtado, *Formación económica del Brasil, op. cit.;* Pierre Monbeig, *Pionniers et Planteurs de São Paulo,* Armand Colin, París, 1952.

el valle del Paraíba. La región de São Paulo adquirió pronto un rango dominante, como productora y exportadora de café.

Zona de frontera por largos siglos, las famosas *Bandeiras* cedían ahora el paso al frente pionero de la agricultura de exportación, que penetraba primero por el sur del valle del Paraíba y desde mediados del siglo XIX ganaba el interior de la región paulista. El crecimiento económico y demográfico fue espectacular. Entre 1811 y 1940 la población del estado de São Paulo creció a un promedio anual del 3 %; y si se considera sólo el período 1890-1920 el ritmo de aumento es de 3,9 % por año.[101] La producción de café era, en 1870, de 63 millones de kg, en 1900 alcanzaba los 479 millones de kg y en 1927 llegaba a la cifra récord de 1.079 millones de kg. La ciudad de São Paulo pasó, de 25.000 habitantes en 1816 a 65.000 habitantes en 1890; en 1900 alcanzaba las 240.000 personas y cuarenta años más tarde sobrepasaba el millón de habitantes.[102]

La región paulista ofrecía condiciones ideales para el desarrollo de una agricultura de exportación de carácter extensivo. Inmensas planicies, que se extendían entre los ríos Grande, Paraná y Paranapanema, con excelentes condiciones ecológicas para el cultivo del café. A estos factores se agregan las posibilidades de transporte fluvial, aunque fue sin duda el ferrocarril lo que permitió la incorporación permanente de nuevas tierras. Los mapas 6 y 7 ilustran la situación del frente pionero hacia 1900 y 1929.

La ley de tierras de 1850[103] intentó establecer un ordenamiento legal para una situación en la que predominaban las ocupaciones de hecho. El acaparamiento con fines especulativos, el predominio de la gran propiedad fueron datos constantes en todas las regiones del país durante este período. La primera república (1889), al adoptar una estructura federal, dejó los asuntos de tierras en manos de cada Estado. Si el gobierno imperial no consiguió aplicar una política coherente en cuanto a la adjudicación de tierras públicas, esto fue todavía más utópico en la nueva

101. Calculado según cifras de Monbeig, *op. cit.*, p. 14.
102. María Luiza Marcilio, *La Ville de São Paulo*, Peuplement et Population, Publications de l'Université de Roven, 1972, p. 119.
103. Cf. Warren Dean, *art. cit.*, en n. 26.

MAPA 6

Cultivo del café y vías férreas en São Paulo a principios del siglo XX

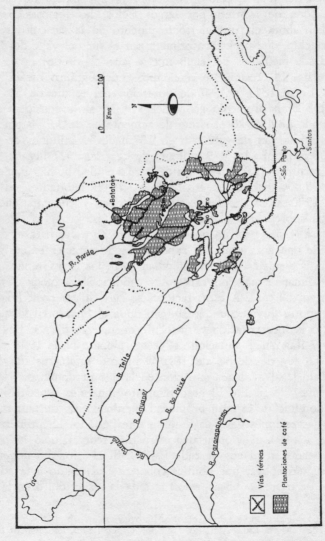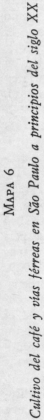

FUENTE: Pierre Monbeig. *Pionniers et Planteurs de São Paulo*, Armand Colin, París, 1952, fig. 14.

MAPA 7

Cultivo del café y vías férreas en São Paulo antes de la crisis de 1929

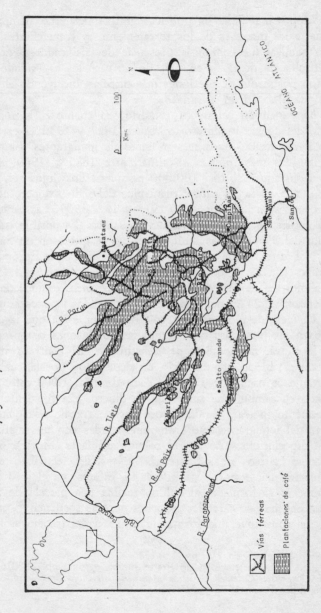

FUENTE: Pierre Monbeig, *op. cit.*, fig. 16.

situación. En realidad la política agraria oficial fue siempre funcional a los intereses de los terratenientes y comerciantes. En el caso paulista fue común la presencia de falsificadores (grileiros) de títulos de tierras y en más de un caso los especuladores actuaron por medio de presiones más directas, incluyendo el uso de la fuerza física y el asesinato.

La expansión cafetalera requirió, en cuanto a la mano de obra, del aporte inmigratorio. Entre 1827 y 1936 el estado de São Paulo recibió unos tres millones de inmigrantes. El período de llegadas más intenso se sitúa entre 1885 y 1900, con un promedio anual de casi 100.000 personas. Los flujos son afectados por la crisis del café a principios del siglo xx, pero el ritmo se recupera en los años 1910-1913 y 1922-1929. Las estadísticas disponibles no permiten evaluar las salidas. Es posible que alrededor del 55 % de los inmigrantes no se quedaron en São Paulo.[104] El grueso de la migración fue aportada por la Europa mediterránea (un 29 % de italianos, 13 % de portugueses, 12 % de españoles, en el período 1827-1940); los otros estados de Brasil aportaron un 24 % del total de migrantes; los japoneses un 6 %.

La masa de pioneros no tenía otra alternativa que la del trabajo en las haciendas que, dadas las condiciones de apropiación de la tierra, no cesaban de constituirse. El contrato más corriente establecía una relación de «colonato» por la cual el inmigrante se hacía cargo del cuidado de unos 1.000 cafetos recibiendo en cambio una suma fija de dinero. Era frecuente que el documento indicara también jornadas de trabajo adicionales por parte del inmigrante que eran remuneradas con un salario también especificado. Además, el colono recibía la autorización para efectuar cultivos de subsistencia. Éstos se efectuaban en una plantación nueva entre las hileras de cafetos; en el caso de una plantación ya formada, el colono recibía una parcela de terreno fuera del área de cafetales. Muchos autores sostienen[105] que este sistema constituye una forma de difusión del trabajo asalariado.

104. Monbeig, op. cit., pp. 130-132.
105. Cf. por ejemplo, Caio Prado Junior, op. cit., pp. 214-216; Sergio Silva, Expansão Cafeeira e Origens da Indústria No Brasil, Editora Alfa-Omega, São Paulo, 1976, pp. 50-54.

José de Souza Martins ha insistido en cambio en que el efecto más inmediato de los cultivos familiares de los colonos es el de proporcionar un mecanismo de reproducción de la fuerza de trabajo que no está en relación directa con el mercado del café.[106]

En muchos aspectos la expansión paulista resulta comparable a la de la región pampeana. Se trata, en ambos casos, de agriculturas de exportación de carácter extensivo, que recurren a la inmigración en gran escala, en un contexto en el cual la tierra ha sido apropiada por un grupo poderoso de comerciantes y hacendados. Pero al considerar el impacto de ambos procesos de colonización en la sociedad global las diferencias son notorias. La región pampeana llega a concentrar el grueso de la población argentina y el ferrocarril cumplirá la función de integrar las diferentes regiones del país en un verdadero mercado nacional. En Brasil no pudo darse una situación equivalente. Los ferrocarriles paulistas tuvieron un rol limitado a su región, y Brasil no dispuso de una red ferroviaria de alcance nacional.[107] Por otra parte, São Paulo no fue la única región con exportaciones significativas, aunque es cierto que ninguna otra logra un auge tan intenso y duradero. Bahía recibe con el cacao un nuevo impulso, sobre todo en los años 1880-1905, hasta que Ghana desplaza al Brasil del mercado mundial del cacao y lo relega a un lugar secundario. El caucho del Amazonas ofrece entre 1890 y 1912 otro ejemplo de prosperidad fugaz.

Las inmensas reservas brasileñas de *seringueiras* resultaron económicamente atractivas desde que hubo utilizaciones industriales del caucho en gran escala (procedimiento de vulcanización, 1842). Las primeras exportaciones datan de 1827 y crecen continuamente, alcanzando su apogeo en los años recién indicados. La selva amazónica constituyó, en esta época, una pujante zona de frontera a la que llegaban migrantes procedentes del nor-

106. José de Souza Martins, «A Produção Capitalista de Relações Não-Capitalistas de Produção: O regime de colonato nas Fazendas de café (Brasil)», ponencia mimeografiada presentada al *Seminario sobre Modos de Producción y Dinámica de la Población*, Instituto de Investigaciones Sociales de la UNAM, Cuernavaca, abril de 1978.
107. Cf. Eduardo A. Zalduendo, *Libras y rieles*, Editorial El Coloquio, Buenos Aires, 1975, pp. 205-243.

deste brasileño (afectado por la gran sequía de 1877-1880).
Pero la explotación fue meramente extractiva por lo cual el
frente pionero se desplazó siguiendo el curso del Amazonas y sus
principales afluentes (únicas vías de comunicación). Caio Prado Jr. afirma, con razón, que en vez de «una sociedad organizada, la Amazônia de estos años de fiebre y de caucho tendrá el
carácter de un campamento».[108]

La organización económica de la recolección del látex era tan
primitiva como la técnica empleada. La especulación, en beneficio de una veintena de firmas exportadoras,[109] constituyó un rasgo dominante en una cadena de intereses comerciales que pasa-
ba, sucesivamente, por los aviadores y los patrones y concluía
en los *seringueiros* (trabajadores directos). Estos últimos estaban
invariablemente endeudados con los patrones, que les compraban la goma y les vendían lo necesario para la subsistencia. Los
aviadores eran intermediarios entre los patrones y los exportadores, estos últimos residentes en Manaus o Belém. La lejanía
de los centros poblados y los inevitables problemas de abastecimiento hacían que el costo de vida fuera sumamente elevado y
que los *seringueiros* no tuvieran forma posible de escapar al endeudamiento con los comerciantes.

El agotamiento de las reservas y la competencia de las plantaciones de Ceylán y Singapur llevaron la producción brasileña
de caucho al colapso, ya en vísperas de la primera guerra mundial. De 28 % del total de exportaciones en 1901-1910, el caucho descendió al 2,5 % en 1921-1930; en esta última década el
café alcanzó el 69,5 % del total de mercancías exportadas. La
Amazônia volvió entonces a ser una región marginal; y la decadencia de ciudades como Manaus fue irremediable.

En suma, debido a factores geográficos e históricos, la colonización paulista tuvo, en el contexto brasileño global, un impacto moderado. La estructura del poder en la primera república (1889-1930) es probablemente un indicador característico.

108. Caio Prado Junior, *op. cit.*, p. 274.
109. Cf. El documento reproducido en Edgard Carone, *A primeira
República (1889-1930)*, Difusão Européia do Livro, São Paulo, 1973²,
pp. 153-159.

La organización federal implicaba no sólo una amplia autonomía de los estados, sino que exigía acuerdos interoligárquicos en cada sucesión presidencial.

Colombia: la colonización antioqueña [110]

El occidente colombiano será modificado profundamente a lo largo de los siglos XIX y XX por la colonización antioqueña. El núcleo de poblamiento colonial (ver mapa 8) comenzó a extenderse hacia el sur, por el curso medio del Cauca, desde la década de 1790. Antioquia era una provincia aislada, poco poblada, donde dominaban la agricultura de subsistencia y la extracción de oro. El contraste era fuerte, si se la comparaba con las altiplanicies centrales: Cundinamarca, Boyacá, partes del Tolima y de Huila, o con las tierras del sur, en el valle del Cauca (Popoyán, Cali). Los patrones coloniales eran aquí dominantes: grandes haciendas con mano de obra servil en el altiplano; minas y haciendas trabajadas por esclavos en el sur.[111] «En Antioquia los derechos sobre las minas habían tenido siempre precedencia sobre los referidos a las tierras de agricultura, por lo cual todos los terrenos que no estaban sometidos a cultivo quedaban abiertos a la explotación por parte de los mineros. Y esta explotación, además, siempre se había basado en el trabajo libre porque ya en los tiempos coloniales la oferta de indios y de esclavos negros era insuficiente.» [112] Esta particular combinación de circunstancias permitió que, a lo largo del siglo XIX, Antioquia fuera una verdadera zona de frontera. Hacia 1880-1890 la colonización agrícola avanzaba en función de la expansión de un cultivo comer-

---

110. Cf. James J. Parsons, *Antioqueño Colonization in Western Colombia*, University of California Press, Berkeley-Los Ángeles, 1949; Luis Eduardo Nieto Artela, *El café...*, op. cit.; Mariano Arango, *Café e industria...*, op. cit.; Álvaro Tirado Mejía, *Introducción...*, op. cit.

111. Cf. Michael Taussig, «The evolution of Rural Wage Labour in the Cauca Valley of Colombia, 1700-1970», en *Land and Labour...*, op. cit., en n. 51, pp. 397-434.

112. James J. Parsons, op. cit., p. 101.

MAPA 8

La colonización antioqueña

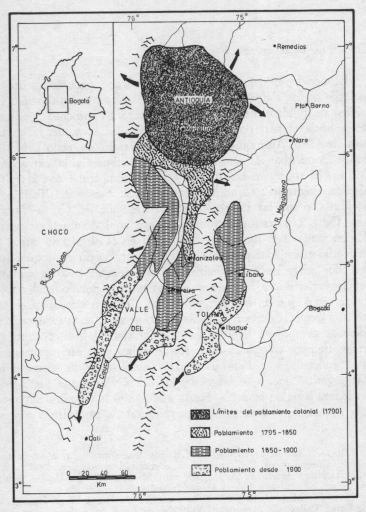

Límites del poblamiento colonial (1790)
Poblamiento 1795 - 1850
Poblamiento 1850 - 1900
Poblamiento desde 1900

FUENTE: James J. Parsons, *Antioqueño Colonization..., op. cit.,* nota 110, mapa 1.

cial: el café, predominando la pequeña propiedad y el trabajo familiar.

La colonización antioqueña generó un paisaje agrario peculiar, extraño en el contexto colombiano global, pero que incidirá notablemente en la evolución del país. La unificación geográfica del occidente fue paralela a la extensión del café en Cundinamarca, el oriente del Tolima y la región santanderiana, y al auge de las exportaciones colombianas de ese producto. Debe notarse que en estas últimas regiones dominaron las grandes haciendas trabajadas por arrendatarios.[113] Antioquia toma la delantera como productor nacional de café hacia 1913; debe recordarse que los colonos acostumbraban sembrar primero granos de subsistencia, de cosecha más rápida que el café, y sólo años después implantaban ese cultivo permanente.

La región antioqueña se convirtió, a través de un fenómeno intenso de colonización interna, en una pujante región cafetera, que concentró muy pronto también a la industria incipiente. Pero en el caso colombiano se sumará a otras zonas exportadoras. Tanto la centralización política, más firme después de la sangrienta guerra de los mil días (1899-1902), como la creciente unificación de terratenientes y comerciantes que se observa en el período de auge (1910-1930) se limitará a los requisitos básicos exigidos, en el ámbito político y financiero, por el funcionamiento de la economía exportadora. La masiva afluencia de inversiones extranjeras en ese mismo período, localizada en ferrocarriles, bancos y empréstitos, contribuirá también a esa relativa unificación del país.

Costa Rica [114]

Costa Rica alcanzó la independencia, con el resto de centroamérica (1821), como una zona casi vacía (unos 65.000 habitan-

---

113. Véase el ejemplo característico estudiado en Malcolm Deas, «A Colombian Coffee Estate: Santa Bárbara, Cundinamarca, 1870-1912», en *Land and Labour...*, op. cit., pp. 269-298.
114. Cf. Carolyn Hall, *El café y el desarrollo histórico-geográfico de*

tes en 1824), en la cual la herencia colonial era, desde el punto de vista económico, muy débil. La población estaba asentada en núcleos dispersos, en el fértil valle central, y se dedicaba a la agricultura de subsistencia. Una estructura social poco diferenciada, igualitaria en la pobreza general, connotaba la vida y la fisonomía del país.

La expansión del cultivo del café permitió asegurar, desde la década de 1830, una rápida y temprana integración al mercado mundial. La agricultura de exportación se desarrolla a través de un lento proceso de ocupación de nuevas tierras (el límite ecológico de la zona apta para el café se alcanza hacia 1930, en una región, el valle central, de sólo 2.700 km² de extensión). La inmigración europea fue promovida por el Gobierno con escaso éxito. El aporte poblacional europeo se redujo, en consecuencia, a un puñado de empresarios y comerciantes que llegarían a dominar, precisamente, en los negocios del café. La colonización dependió entonces exclusivamente del crecimiento demográfico interno; aunque éste fue elevado (probablemente cercano al 2 % anual a partir de 1860), tanto el escaso núcleo de población inicial como las exigencias de mano de obra del cultivo del café impusieron un ritmo muy pausado en la expansión del frente pionero.

Hubo tres mecanismos básicos en la conformación de la propiedad territorial: la disolución de ejidos y comunales de los pueblos criollos y de las poquísimas comunidades indígenas; la apropiación de baldíos, y las compraventas de terrenos en la zona de colonización más antigua. El carácter de región vacía permitió que se constituyera con rapidez un mercado de tierras sin que ocurrieran convulsiones internas de significación. El rasgo más notorio de la estructura agraria generada por el café es la ausencia de concentración en la propiedad de la tierra. La mayor parte de la producción estaba en manos de campesinos parcelarios. Éstos trabajaban en sus propias parcelas, y en las épocas

Costa Rica, Editorial Costa Rica, San José (Costa Rica), 1976; Ciro F. S. Cardoso y Héctor Pérez Brignoli, *Centroamérica y la economía...*, *op. cit.*, en n. 34.

de cosecha lo hacían también en las fincas más grandes y en los beneficios del grano.

Esta ausencia de concentración fundiaria —en 1935 el tamaño promedio de una finca de café en la meseta central era menor a 15 hectáreas; según Carolyn Hall, en 1933 las fincas grandes (mayores de 35 hectáreas) no ocupaban más del 25 % de las tierras dedicadas al café— hizo que las relaciones de dominación se plantearan en la esfera de la comercialización y el beneficio del café. En estos sectores los negocios estaban en manos de un grupo reducido de empresarios, que mantenían estrechos vínculos con intereses financieros británicos y que dominaron la vida política del país.

En resumen, en el caso de Costa Rica las transformaciones estructurales exigidas por el auge cafetalero se dieron en forma paulatina, sobre todo entre 1840 y 1900. La expansión agrícola fue un resultado de la colonización interna, su dinamismo dependió internamente del crecimiento vegetativo de la población y de la oferta abundante de tierras con excelentes condiciones (incluyendo las facilidades de transporte) para el cultivo del café.

E) OCUPACIÓN EXTRANJERA
   Y ECONOMÍAS DE ENCLAVE

En varios países de América latina el proceso de transición al capitalismo periférico no puede ser analizado, en forma adecuada, con la tipología que hemos venido utilizando a lo largo de este capítulo.

Puerto Rico [115] pasa, sin interrupción, de una situación colonial a otra. España cede la isla a los Estados Unidos por el tratado de París (1898). De población mayoritariamente española, la plantación esclavista no había tenido allí un gran desarrollo. El auge agroexportador vendrá después de la anexión y estará

115. Cf. J. H. Parry y Philip Sherlock, *Historia de las Antillas*, trad. Viviana S. de Ghio, Editorial Kapelusz, Buenos Aires, 1976; Robert C. West y John P. Augelli, *Middle America, Its Lands and People*, Englewood, Cliffs., Prentice-Hall, Inc., Nueva Jersey, 1976².

centrado en el azúcar. Unas pocas corporaciones norteamericanas controlaron la mayor parte de las tierras aptas para el cultivo de la caña y, a través de los ingenios, subordinaron a los pequeños productores independientes que lograron subsistir. El monocultivo se implantó firmemente en la isla, bajo patrones netamente capitalistas.

La evolución de la República Dominicana [116] es rica en vicisitudes. La revolución haitiana arrastró a la pobre y estancada colonia española, convirtiéndola en campo de batalla y tierra ocupada hasta 1844. La primera república, organizada ese año, se hundió en un período de inestabilidad y confusión hasta que en 1861 el presidente Pedro Santana solicita la anexión a España. Pero la restauración colonial fue efímera, los gastos y las incesantes revueltas internas provocaron la retirada española en 1865. En 1868, el caudillo Buenaventura Báez gestionó la anexión a los Estados Unidos, pero el Senado norteamericano rechazó el tratado redactado al efecto; el caos político interno sólo tuvo fin temporal con la dictadura del general Ulises Heureaux, quien dominó la política del país entre 1879 y 1899. En este período se expandió la industria azucarera, con lo cual la fisonomía del país empezó a cambiar profundamente. La agricultura de subsistencia retrocedió sustancialmente y aparecieron trabajadores migrantes de Haití y de otras Antillas; la subida de precios de los alimentos fue otro corolario, que mostró los primeros signos de la implantación del monocultivo. El azúcar originó fuertes vínculos comerciales y financieros con los Estados Unidos que se incrementaron notoriamente durante la ocupación norteamericana (1916-1924). Este último episodio fue el resultado de los intereses estratégicos del Departamento de Estado; el caos político interno y la amenaza de intervención de las potencias europeas acreedoras (1905-1907) proporcionaron el terreno propicio, mientras que la inauguración del canal de Panamá y la entrada de Estados Unidos en la guerra mundial fueron los factores desencadenantes.

116. Cf. Las obras citadas en n. 115; Helen Ortiz, «Algunas consideraciones sobre el alza del azúcar en la República Dominicana, 1875-1900», en *Revista de Historia*, n.º 1, Universidad Nacional, Heredia (Costa Rica), pp. 1-20.

La ocupación militar norteamericana estuvo lejos de limitarse a la República Dominicana. La vecina Haití,[117] atrasada, superpoblada, escasamente integrada al mercado mundial y políticamente inestable, soportó los *marines* entre 1915 y 1934. Nicaragua [118] conoció una reforma liberal tardía y frustrada en los dieciséis años del régimen de José Santos Zelaya (1893-1909). Se expandió el cultivo del café y el gobierno hizo serios esfuerzos por la modernización del país (construcción de ferrocarriles, etc.). Pero el auge cafetalero no desplazó a la ganadería tradicional, base de la riqueza de los grupos conservadores. A este contexto debe agregarse la cuestión del canal interoceánico, que se torna candente, cuando Zelaya realiza gestiones para su construcción con capitales europeos. La ruptura diplomática, en 1908, precipitó la caída liberal abriendo un período de caos. En 1912 desembarcaron los infantes de marina; mantendrán una guarnición en Nicaragua hasta 1925. Regresarán en 1927, retirándose definitivamente en 1933.

Las ocupaciones norteamericanas tuvieron en estos tres países efectos parecidos: reorganizaron la administración y las finanzas públicas; aseguraron importantes ventajas para los inversionistas extranjeros; formaron cuerpos militares que proporcionaron, al terminar la ocupación, no sólo la garantía del orden interno: se convirtieron, de hecho, en la base de sustentación del poder político. Los regímenes de Anastario Somoza García y Rafael Leónidas Trujillo constituyen ejemplos característicos: férreas dictaduras, que lograron asociar el poder militar y los negocios, asegurando, en ambos países, el auge de la economía de exportación. La plena integración al mercado mundial es, en estos casos, considerablemente tardía: data de los años posteriores a la crisis de 1929. El proceso de transición al capitalismo periférico fue profundamente condicionado por la ocupación norteamericana.

117. Cf. Las obras citadas en n. 115; Suzy Castor, *La ocupación norteamericana de Haití y sus consecuencias, 1915-1934*, Siglo XXI, México, 1971.
118. Ciro F. S. Cardoso y Héctor Pérez Brignoli, *Centroamérica y la economía...*, *op. cit.*, en n. 34.

El caso de Honduras es muy diferente.[119] Durante todo el siglo pasado, el país se caracterizó por una economía desarticulada, con múltiples actividades locales poco importantes y no vinculadas entre sí: minería de plata (Tegucigalpa), cortes de madera (costa norte), ganadería (Olancho y región sur), tabaco (Copán), etc. La geografía dificultaba las comunicaciones, y su efecto fue reforzado por las múltiples destrucciones y masacres ocurridas durante las guerras civiles y «pacificaciones» posteriores a la independencia. Ahora bien, entre 1876 y los primeros años del siglo xx, y principalmente durante el gobierno de Marco Aurelio Soto, y bajo el influjo directo de Guatemala, tenemos un verdadero intento de reforma liberal, con una política de fomento al café y a la minería, una reorganización fiscal, una política ferrocarrilera, una modernización de la legislación económica, etc. Pero faltaba una clase dominante capaz de dar sentido al Estado y a la política de reformas, organizando al país alrededor de sus intereses: por ello, todo quedó inconcluso e ineficaz, reduciéndose a una serie de anhelos y promesas sin realización. Honduras no se integró plenamente al mercado mundial sino hasta los últimos años del siglo xix, a través de los enclaves minero y bananero (controlados por poderosas compañías extranjeras), alrededor de los cuales se organizó la economía del país. En realidad, Honduras constituye junto con Panamá, los únicos casos latinoamericanos a los cuales se puede aplicar con suficiente exactitud el calificativo de economías de enclave.[120]

Panamá [121] ilustra una situación especialísima: la de una economía estructurada, desde los tiempos coloniales, en función del tránsito. El transporte a través del istmo y otros servicios subsidiarios han constituido, desde el siglo xvi, la actividad econó-

119. *Op. cit.*
120. En nuestra opinión, el término *enclave* debería reservarse, *en sentido estricto*, a los casos en que el control extranjero sobre el sector de exportación es tan grande como para que toda la estructuración y la dinámica de la economía nacional dependan de las decisiones tomadas en el exterior.
121. Cf. Ernesto J. Castillero R., *Historia de Panamá*, Panamá, 1962[7]; Alfredo Castillero Calvo, «Transitismo y dependencia: el caso del istmo de Panamá», en *Estudios Sociales Centroamericanos*, n.° 5, mayo-agosto, 1973, pp. 65-114.

mica dominante. La decadencia de la minería altoperuana, en la segunda mitad del siglo XVII, y los reajustes imperiales de la centuria siguiente, socavaron, lenta pero inexorablemente, lo que había sido una rutilante prosperidad de ferias y galeones. La independencia de España (1821) y la unión con Colombia no cambian el panorama de aislamiento y atraso. El grupo mercantil local une, invariablemente, su vocación separatista al aprovechamiento de la ruta transístmica por las grandes potencias: Gran Bretaña, Estados Unidos o Francia. Pero es recién con la «fiebre del oro» en California que la vía adquiere nuevo interés. El ferrocarril interoceánico, construido entre 1850 y 1855 por capitalistas norteamericanos, tuvo gran importancia hasta 1869 en que el ferrocarril transcontinental unió las costas pacífica y atlántica de los Estados Unidos. Después vino otro período de decadencia, jalonado por la tentativa de Lesseps (1880-1891) de construcción del canal. Colombia rechazó en 1903 un tratado con Estados Unidos, que otorgaba a este país la soberanía sobre una franja ístmica de 10 km por el término de cien años. En noviembre del mismo año se produce la secesión y Panamá proclama su independencia. El tratado canalero se firma de inmediato, empiezan las obras y en agosto de 1914 se inaugura el canal. Desde entonces, la economía panameña girará en torno a las rentas y a los servicios exigidos por el funcionamiento de la vía interoceánica. La «zona» constituirá además un enclave comercial y militar, de importancia vital para los Estados Unidos.

*   *   *

La historia de Paraguay [122] está dominada por un aislamiento plurisecular que la independencia (1811) no interrumpe. Una escasa población, dedicada sobre todo a la agricultura de subsistencia y la ganadería extensiva, un magro comercio interno y exportaciones muy limitadas (yerba mate y tabaco), que sólo inte-

---

122. Cf. George Pendle, *Paraguay*, A Riverside Nation, Royal Institute of International Affairs, Londres-Nueva York, 1954; Efraim Cardozo, *Paraguay independiente*, Salvat (Historia de América, dirigida por A. Ballesteros y Beretta), Barcelona, 1949.

resan a las regiones vecinas del virreinato, conforman los rasgos básicos del país. La larga dictadura del doctor Gaspar Rodríguez de Francia (1814-1840) se caracterizó por el aislamiento total; la prohibición incluso, para sus habitantes, de salir al extranjero. El tráfico fluvial cesó completamente, dada la hostilidad de Buenos Aires a la independencia paraguaya, y aunque el «Dictador perpetuo» intentó negociaciones directas con Inglaterra, en pro de la libertad de navegación, éstas no obtuvieron el indispensable apoyo británico. Francia nacionalizó la Iglesia en 1815, expropió sus bienes territoriales en 1824 y eliminó los diezmos en 1830. Las cuantiosas tierras del Estado fueron arrendadas y el comercio exterior convertido en monopolio estatal; la exigua burguesía mercantil de Asunción fue diezmada; se entiende así que los pocos observadores de la época caractericen a la sociedad paraguaya como igualitaria, nivelada por la pobreza general, incluyendo al mismo «Dictador» que vive y muere con escasos bienes.

Carlos Antonio López (1841-1862) sigue los pasos de Francia en la defensa de la independencia, no exenta de amenazas por las ambiciones argentinas y brasileñas, pero la tónica general cambia: su gobierno se esforzará por modernizar el ejército primero y el país después. El cónsul norteamericano en Asunción, Louis Bamberger, escribe en 1857 al Secretario de Estado: [123]

> ...Este Gobierno, es decir el presidente, está lejos de desear una colisión armada con poder alguno, pero al mismo tiempo ha hecho los mayores esfuerzos para poner este país en un respetable pie de guerra, si se lo compara con los vecinos. Este país es rico, no tiene deuda alguna, y con todas sus dificultades marcha a la cabeza en sus mejoras internas, por la construcción de ferrocarriles, vapores, muelles, arsenales, fundiciones, talleres mecánicos, caminos públicos, etc. Aunque es verdad que todo esto se hace a expensas del interés agrícola, ya que se trabaja poco en estas actividades y en consecuencia los artículos alimenticios resultan extremadamente caros.

123. *Diplomatic Correspondence of the United States*, Inter-American Affairs, 1831-1860, ed. por William R. Manning, Carnegie Endowment for International Peace, Washington, 1938, X, p. 183, documento n.° 4.579.

Los astilleros, que existían desde 1545, fueron reactivados en 1854; siguiendo los planos del ingeniero inglés Whytehead se construyeron siete vapores entre 1856 y 1866. Los altos hornos de Ybycuí, organizados y dirigidos por el citado ingeniero, funcionaron plenamente desde 1857; en ellos se fundían desde cañones y piezas para los barcos y el ferrocarril hasta bisagras y todo tipo de repuestos menores. La fundición se abastecía con hierro paraguayo, pero la carencia de yacimientos de hulla obligó a utilizar carbón vegetal; las importaciones de la primera se reservaron para combustibles de los barcos. En el Arsenal, instalado en Asunción en 1855, y también dirigido por Whytehead, se fabricaron armas y también enseres domésticos, escaleras, rejas, etc. Entre 1861 y 1865 se tendieron las líneas del ferrocarril Asunción-Paraguarí (72 km); los rieles y la locomotora fueron importados, pero el resto del material rodante se fabricó en el país. Por la misma época se tendieron líneas telegráficas. La tecnología utilizada en la metalurgia combinaba el trabajo artesanal con procedimientos más modernos. La carencia de personal adecuado y relaciones difíciles entre los técnicos extranjeros y los empleados paraguayos constituyeron problemas permanentes. Los barcos y el ferrocarril se descomponían con mucha frecuencia; las reparaciones continuas entorpecían cualquier actividad más intensa del Arsenal y los hornos de fundición.[124] El armamento fabricado no fue el más moderno; en Humaitá había cañones recientes junto con otros que databan del siglo XVIII, los acorazados brasileños pudieron, por eso, forzar el paso sin sufrir una sola baja; Solano López pareció confiar mucho más en el vapor y arrojo de sus soldados que en la calidad del armamento.

La guerra de la Triple Alianza (1865-1870) no sólo puso fin a esta fase de progreso material; arrasó el país entero reduciendo su población de más de un millón a escasos 300.000 habitantes. Los resultados fueron, para los vencedores, magníficos. El Paraguay desapareció como potencia con alguna gravitación en la

---

124. Sobre estos aspectos véase el detallado artículo de Josefina Pla, «Los británicos en el Paraguay (1850-1870)», en *Revista Historia de América*, n.º 70, julio-diciembre de 1970, pp. 339-391 y n.º 71, enero-junio de 1971, pp. 23-65; también Efraim Cardozo, *op. cit.*, pp. 146-147.

cuenca del Plata. Brasil obtuvo compensaciones territoriales largamente deseadas; la Argentina se convirtió en el principal intermediario comercial, una vez fracasados con la guerra los intentos de los López por establecer un vínculo directo con Inglaterra. En la política interna de las potencias vencedoras la contienda jugó un papel decisivo: permitió la consolidación definitiva del poder de los terratenientes del litoral, a nivel nacional, en el caso argentino; salvó el vacilante trono de Pedro II en Brasil.

Es indudable que la guerra frustró un desarrollo capitalista en ciernes; el Paraguay post-bélico asistió a una privatización masiva de las tierras públicas, lo que implicó la consolidación de la gran propiedad; el ferrocarril pasó a un consorcio inglés y los monopolios estatales desaparecieron; como ya dijimos, la economía paraguaya fue, por muchos años, un apéndice de la del nordeste argentino.

La corriente historiográfica «revisionista»[125] ha difundido una nueva interpretación de la guerra de la Triple Alianza.[126] Ésta habría sido provocada por los intereses imperialistas británicos, deseosos de aniquilar en el Paraguay una revolución industrial en marcha, que, indudablemente, no podía armonizar con la división internacional del trabajo impuesta por el *Free Trade* de los capitalistas ingleses. Para lograr este fin, el gobierno de su Majestad se valió de intermediarios criollos: los liberales porteños, con Mitre a la cabeza; los colorados uruguayos y la corte de Río de Janeiro. Por todo esto, la guerra fue, en la Argentina, profundamente impopular, y plumas de mucho peso, como las de Alberdi y Guido Spano se opusieron a ella tenazmente.

No resulta fácil evaluar, en corto espacio, la tesis brevemente expuesta. Un mérito a señalar es el de abrir fuego contra una historiografía oficial que, en Argentina, insistió repetidamente en las malas virtudes de Francisco Solano López y convirtió al ejército aliado en libertador de los paraguayos, recurriendo a menudo a comparar la empresa con la de la guerra civil en Estados

125.   Sobre esta corriente en general cf. Tulio Halperin Donghi, *El revisionismo histórico argentino*, Siglo XXI, Buenos Aires, 1970.
126.   Cf. por ejemplo León Pomer, *La guerra del Paraguay, ¡Gran Negocio!*, Ediciones Caldén, Buenos Aires, 1968.

Unidos. Está hoy fuera de discusión el hecho de que el principal detonante de la guerra fue el choque entre las ambiciones de López por mantener el equilibrio político en la cuenca del Plata y la inteligencia creciente entre los liberales argentinos y brasileños; como es sabido, la explosión ocurrirá por la intervención de los gobiernos de Río y Buenos Aires en la política interna uruguaya. El ataque a Corrientes, justificación oficial de la Triple Alianza, fue en realidad un pretexto secretamente esperado por la cancillería argentina, ya que sólo una agresión tangible podía lanzar al país a una guerra impopular.[127] La idea de un auge industrial, que el capitalismo inglés debía a toda costa aniquilar, es más difícil de aceptar. En primer lugar porque los avances, muy reales, en el progreso paraguayo distan mucho de poder ser equiparados a los de una potencia industrial en ciernes. El alto horno, el Arsenal y los astilleros fabricaron, bajo la dirección de técnicos británicos, material bélico, algunos vapores y piezas de hierro forjado utilizadas en el embellecimiento de algunas casas de Asunción. La dependencia de las importaciones extranjeras fue, en el Paraguay anterior a la guerra, tan fuerte y con una composición similar a la de cualquier otro país latinoamericano de la época.[128]

El proyecto de los López puede verse en cambio como un intento por sacar al Paraguay de su condición mediterránea; vinculándolo directamente al mercado mundial. Ése fue el primer objetivo de la flotilla de vapores. También buscaron que su país pudiera jugar un rol político importante en la cuenca del Plata. Esto último implicaba, necesariamente, la militarización. La derrota frustró estas finalidades. Debe meditarse sobre los alcances de la primera: sólo una marina nacional, subvencionada

127. Cf. El estudio de Germán O. E. Tjarks, «Nueva luz sobre el origen de la guerra de la Triple Alianza», en *Revista de Historia*, n.º 1, Universidad Nacional, Heredia (Costa Rica), 1975, pp. 21-84, basado en el archivo del canciller argentino Rufino de Elizalde.

128. Los datos citados por León Pomer (*op. cit.*, p. 67) bastan para probarlo. En 1860 la composición, en valor, de las importaciones paraguayas era la siguiente: textiles, 57 %; alimentos, 26 %; otros rubros, 17 %. Difícilmente podría aceptarse que corresponde a la de un país con una revolución industrial en puerta.

o controlada por el Estado, podía enfrentar fletes prohibitivos como los que imponía la larga ruta fluvial de acceso al Paraguay. Todavía hace pocos años la tarifa de carga Buenos Aires-Asunción era igual a la del trayecto Buenos Aires-Yokohama.[129]

Recapitulemos brevemente los casos anteriores. Puerto Rico es un ejemplo de pasaje directo de una situación colonial a otra. Las intervenciones extranjeras condicionan con mucha fuerza las pautas de integración al mercado mundial: en Nicaragua y la República Dominicana reorientan drásticamente la transición al capitalismo periférico; ésta adquiere configuración plena recién después de la crisis de 1929. En Haití y Paraguay el resultado fue una integración muy débil al mercado mundial. La ocupación norteamericana no consiguió, ni pretendió, en el primer caso, impulsar una agricultura de exportación en gran escala: aparentemente, bastó a los intereses estadounidenses el control militar y fuertes nexos en la esfera comercial y financiera. En el Paraguay, la guerra de la Triple Alianza frustró las posibilidades de desarrollo «hacia afuera», relegando al país a la situación de una provincia interior. Honduras y Panamá constituyen típicas economías de enclave: los sectores básicos dependen, estrecha y directamente, en el primer caso de compañías extranjeras y en el segundo del gobierno de los Estados Unidos.

F) CONCLUSIÓN: ¿UN PROCESO DE ACUMULACIÓN
    PRIMITIVA DE CAPITAL?

Hemos estudiado los diferentes *casos* de transición al capitalismo periférico en función de ciertas variables, las que consideramos como más relevantes para explicar el mencionado proceso de transición. Trataremos de esbozar ahora una visión de conjunto que no puede prescindir, obviamente, de consideraciones de carácter general sobre la *naturaleza* del proceso de cambio y de la estructura social resultantes y sobre el tipo de *articula-*

129. James E. Preston, *Latin America*, The Odyssey Press, Nueva York, 1959³, p. 288.

ción entre países industrializados y países productores de materias primas.

La transición al capitalismo periférico plenamente caracterizada se dio allí donde una clase dominante emergente (o fracciones «progresivas» de la clase dominante), potencialmente capaz de organizar alrededor suyo una economía nacional más dinámica para responder a las demandas crecientes de productos primarios en el mercado mundial, pudo romper previamente la resistencia de estructuras, intereses y actitudes heredados de la colonia, o fue capaz de controlar un proceso de poblamiento y ocupación agrícola de una región vacía. La organización del Estado, la afirmación de la solidaridad nacional y la delimitación geográfica de las fronteras serán las dimensiones políticas e ideológicas fundamentales del a menudo largo y azaroso proceso de transición. Un extenso trayecto de guerras civiles, que se remonta a la independencia, contiendas ocasionales con países vecinos y amenazas e invasiones extranjeras, jalonan la construcción del Estado nacional. Más allá de los campos de batalla, las intrigas diplomáticas y las mismas fuerzas económicas que a veces presiden las contiendas, las guerras internacionales operaron casi siempre como fuertes catalizadores del sentimiento nacional. La educación pública, generalizada con las reformas liberales, intentó forjar más sistemáticamente la mentalidad patriótica exigida por el nuevo orden a los buenos ciudadanos. Pero aunque la ideología liberal y las nuevas instituciones aparecen como una importación de ideas y de instituciones similares de Europa o los Estados Unidos, no existe sino una similitud *formal* entre los procesos liberales europeo y latinoamericano. En la ideología de un José María Mora, por ejemplo, queda muy claro que en ningún momento se pretendía que la igualdad política o la libertad individual fueran extensivas a las masas populares. Casi todos los liberales mexicanos, guatemaltecos o peruanos veían con profundo desprecio las mayorías indígenas o ladinas de sus países, lo que a veces se reflejaba en planes irrealizables de creación de un campesinado blanco a través de una inmigración europea encauzada hacia colonias agrícolas. De ahí las ambigüedades y contradicciones del Estado liberal, en el que los ideales políticos y las prácticas reales se oponían en forma tajante.

La transición significó, desde el punto de vista económico, un *reordenamiento* profundo de las estructuras de cada país, para adecuarlas a las necesidades y a la visión del mundo de los sectores dinámicos de las clases dominantes; en el complejo y difícil camino de organizar la producción, en gran escala de ciertos productos de exportación. Hemos distinguido tres mecanismos básicos en este proceso de reestructuración: la abolición de la esclavitud, la reforma liberal en sentido económico, y la colonización en áreas vacías, agregando luego algunas consideraciones sobre los casos en los cuales la ocupación extranjera fue absolutamente determinante en ese proceso de reordenamiento. Una primera conclusión, que puede extraerse del examen comparativo de los casos estudiados, es la que las formas de trabajo que llegaron a predominar fueron diversas gradaciones de campesinado dependiente, y no el trabajo asalariado típico.

Evsey Domar ha propuesto una sugestiva hipótesis para explicar las causas del trabajo forzado agrícola y las condiciones de su eliminación. [130] De los tres elementos básicos que él distingue como los más relevantes de la estructura agraria en cuestión: *tierra libre, campesinos libres* y una clase de *terratenientes* [131] sólo *dos* pueden existir simultáneamente. La combinación histórica de esos elementos depende: *a*) de la relación tierra/trabajo; *b*) del comportamiento de los factores políticos (gobierno, conquista militar, etc.). El fin de la esclavitud o de la servidumbre y su reemplazo por el trabajo asalariado libre podrá resultar, en algunos casos, del progreso técnico y la acumulación de capital.

---

130. Evsey D. Domar, «The Causes of Slavery and Serfdom: A Hypothesis», en *The Journal of Economic History*, march, 1970, pp. 18-32. El artículo se basa en la experiencia rusa de los siglos XVI y XVII pero busca una aplicabilidad más amplia del modelo, a diferentes situaciones de esclavitud y servidumbre (Domar usa los términos como sinónimos). La hipótesis desarrollada por Domar fue esbozada en el siglo pasado por A. Loría. (*Les bases economiques de la Constitution Sociale*, 1893), H. J. Nieboer (*Slavery as an Industrial System*: Ethnological Researches, 1900) y E. G. Wakefield (*A view of the Art of Colonization*, 1834).

131. Definidos como propietarios que no trabajan y que se apropian de la renta del suelo.

Pero estos factores no constituyen un requisito necesario; [132] en otras situaciones el crecimiento demográfico puede, independientemente de otras transformaciones, precipitar el cambio al trabajo libre.

Trataremos de ver ahora en qué medida la indudable fuerza analítica de la hipótesis de Domar puede ayudarnos a esclarecer algunos aspectos de la evolución de las formas de trabajo en el mundo rural latinoamericano.

La existencia de múltiples mercados de trabajo se expresa en una variedad de sistemas de trabajo distintos del asalariado. No se trata, en consecuencia, del dualismo clásico que parte de la idea de una simple diferencia en las tasas sectoriales de salarios.[133] Esta situación también se observa en las regiones de poblamiento reciente, que se desarrollaron a través de un proceso de colonización. En términos de la hipótesis de Domar puede decirse que el control previo de la propiedad de la tierra es lo que eliminó la posibilidad de que se extendiera una amplia clase de productores independientes. Diferentes formas de arrendamiento y colonato fueron también típicas en estos casos, en los cuales, por la ausencia de una herencia colonial de peso, podría haberse esperado el desarrollo de una agricultura capitalista más típica, es decir basada predominantemente en el trabajo asalariado.

¿Qué factores pueden explicar el hecho, ya mencionado, de la escasa generalización del trabajo asalariado? Domar argumenta que el progreso tecnológico y la acumulación de capital pueden, en ciertas circunstancias, no impulsar irremisiblemente el desarrollo del asalariado libre. Esto sucedería porque, en términos estrictos de cálculo económico, el pasaje debe operarse siempre y cuando el costo en salarios resulte menor que los gastos implica-

132. *Op. cit.*, p. 22. Para que la abolición sea de interés económico del propietario individual: «él calculará la diferencia entre el salario libre (W_f) y el costo de subsistencia del esclavo (W_s) y aceptará la liberación sólo si $P_f - P_s > W_f - W_s$, esto en el supuesto de que ambos tipos de trabajo *pueden* ser utilizados en un campo dado»: (P_f es la productividad media del asalariado libre y P_s la del esclavo).

133. Para un excelente planteamiento del tema, cf. Amartya Sen, *Employment, Technology and Development,* Clarendon Press, Oxford, 1975, pp. 51-78.

dos por el mantenimiento de la fuerza de trabajo no asalariada; y esta última situación puede no presentarse si persiste una fuerte dualidad en el mercado de trabajo, debida a un sector expansivo, en el cual la tecnología superior y la elevación de la productividad se refleja en salarios más altos. El argumento podría completarse, si se recuerda que el progreso técnico implicado en la expansión de las agriculturas de exportación fue muy limitado, y en el largo plazo su crecimiento dependió casi exclusivamente de la explotación de los recursos naturales y de la mano de obra. En consecuencia, la limitada difusión del progreso técnico, que afectó sólo algunos sectores económicos, habría operado en el sentido explicitado por Domar, es decir, favoreciendo el mantenimiento de formas de trabajo no capitalistas. Naturalmente que, aunque Domar se guarde de indicarlo, es obvio que el argumento sólo puede aplicarse a condición de que el sistema económico global pueda reproducirse. Es evidente que ése fue el caso de las economías latinoamericanas.

El limitado impacto del progreso técnico puede ser compensado por el crecimiento demográfico. En la visión de Domar este factor conduce más directamente a la proletarización. En el caso de Guatemala se ha podido verificar que es justamente la presión demográfica lo que provocó una pronta dislocación de las comunidades indígenas que sobrevivieron a la reforma liberal. La proletarización permitió entonces a los terratenientes el abandono de las prácticas de reclutamiento forzoso de mano de obra.[134]

Hemos indicado ya que en los procesos de colonización la existencia de una clase terrateniente exigió el control previo sobre la tierra. La persistencia de formas coactivas en los sistemas de trabajo estuvo siempre vinculada a la ausencia relativa del control de la clase dominante sobre el mercado de tierras. En otros términos, la coacción extraeconómica estuvo ligada, invaria-

134. Cf. Oscar H. Horst, «El espectro de la vida y de la muerte en una comunidad de los antiplanos de Guatemala», trad. E. Recourat, en *Cuadernos de Antropología,* Universidad de San Carlos, Guatemala, n.º 7, enero-junio de 1966, pp. 19-36. Según Métraux igual situación se observa en los Andes: cf. Alfred Métraux, «La estructura social y económica de las comunidades indias de la región andina», en *Revista Internacional del Trabajo* (Ginebra), vol. LIX, n.º 3, marzo de 1959, pp. 261-281.

blemente, a la persistencia de las comunidades indígenas. En ambos casos el crecimiento demográfico impulsó la proletarización. Como acabamos de indicar parece que fue un factor relevante en el abandono progresivo de las formas coactivas. El tránsito al trabajo asalariado tuvo, en los casos en que los terratenientes basaron su poder exclusivamente en el monopolio de la tierra, condiciones más favorables. Pero, recurriendo nuevamente a Domar, puede afirmarse que su generalización exigía, además de factores institucionales que estaban dados,[135] una relación tierra-trabajo sumamente baja; esto es, una abundante oferta de mano de obra que permitiera bajos salarios. Éste no parece haber sido el caso hasta bastante entrado el siglo XX. En consecuencia, la difusión de arrendamientos, aparcerías, etc., también fue muy notoria en los casos de colonización, aparentemente más próximos del asalariado típico. Es obvio que para que esta última modalidad pueda funcionar es indispensable que los cultivos de exportación puedan combinarse con la agricultura de subsistencia, como fue el caso en los países latinoamericanos.

¿Puede conceptualizarse la transición como un proceso de acumulación primitiva de capital? Para explicar el origen del capitalismo, Marx construyó un vasto modelo histórico basado en el caso inglés,[136] distinguiendo tres mecanismos principales: *a*) el pillaje colonial y la acumulación de capital comercial; *b*) la política de los Estados mercantilistas y la deuda pública; *c*) la expropiación de los pequeños propietarios agrícolas. El proceso de *enclosures* creó un proletariado, amplió el mercado interno y acumuló los medios de producción en manos de una minoría propietaria. La identificación analítica de los mecanismos y la especificación cronológica (histórica) de los procesos son dos aspectos igualmente esenciales para que el concepto pueda constituir, a la vez, una refutación de argumentos ideológicos y apologéticos, como

135. La inmigración europea era libre.
136. Cf. Karl Marx, *El Capital,* trad. M. Sacristán, Grijalbo, Barcelona, 1976, I (OME 40 y 41), caps. XXIV y XXV; véase también libro III, cap. XX. Del mismo autor, *Líneas fundamentales de la crítica de la economía política («Grundrisse»),* Crítica, Barcelona, 1977-1978, I (OME 21), p. 414.

el de la abstinencia originaria del capitalista, la acumulación del
self made man, etc.[137] Hay que señalar que el modelo de Marx
especifica la *simultaneidad* con que se presentaron los mecanismos
indicados en el caso inglés. Y en eso reside su fuerza como modelo histórico, explicativo de la génesis del capitalismo. Pero
como lo indica Witold Kula, la aplicación de dicho modelo a
otros casos, en otros términos, la construcción de un «modelo
teórico de validez universal» exige que su tipología sea completada.[138]

Debemos insistir en el significado que tiene la *simultaneidad*
de los tres mecanismos básicos, indicados arriba, en el caso inglés. Si se los toma aisladamente es posible encontrar ejemplos
de cualquiera de los tres procesos en largos períodos históricos.
Pero el brote del capitalismo exigirá todavía otras condiciones:
a) un desarrollo tecnológico que conduzca a la utilización de má-
quinas-herramienta en el proceso de producción, aunque en las
fases iniciales el capitalismo se desarrolla con una tecnología apenas diferenciable de las formas artesanales de producción (trabajo a domicilio, manufactura, etc.); *b*) es necesario que los mecanismos de la acumulación primitiva operen en beneficio de una
clase burguesa; en el caso inglés esto se manifiesta en el surgimiento de una amplia clase de agricultores capitalistas (primeros beneficiarios de los *enclosures*), y de empresarios que supieron
aprovechar la evolución progresiva de la industria artesanal hacia
formas de producción en las que ya predominaba el trabajo asalariado; [139] *c*) el poder y la política del Estado, el proceso de for-

137. Marx, *El Capital,* I, p. 607. Naturalmente, el que uno encuentre
casos individuales en los que sí se cumple el hecho de una acumulación
basada en el esfuerzo del empresario, no constituye una refutación del concepto, que señala un amplio proceso histórico.

138. Witold Kula, «On the typology of economic systems», en *The
Social Sciences, problems and orientations,* Selected Studies, UNESCO, Mouton, París, 1968, pp. 108-144, aquí p. 136.

139. Cf. Maurice Dobb, *Papers on capitalism, development and planning,* Routledge and Kegan Paul, Londres, 1967, pp. 30-31. Marx aludió
a dos vías de transición: el productor que se convierte en comerciante y capitalista (el camino «revolucionario»); el comerciante que pasa a controlar
la producción y se convierte en industrial, cf. *El Capital,* III, pp. 319-325.
K. Takahashi hace interesantes consideraciones sobre los casos de Prusia y

mación y el grado de desarrollo del mercado nacional, las diferencias regionales, etc., constituyen elementos importantes, que pueden cobrar en muchos casos una significación decisiva; *d*) el contexto internacional: competencia entre países industrializados, mercados externos como demanda para la producción masiva, etc., connota también las características y posibilidades del desarrollo capitalista.

Marx utilizó también, en sus exploraciones sobre la génesis del capitalismo, la distinción entre la subsunción *formal* y la subsunción *real* del trabajo al capital.[140] El primer tipo ocurre cuando el capital subordina un modo de trabajo «preexistente y determinado», como es el caso de la «artesanía» o la «pequeña economía campesina autónoma», si caen bajo el control del capital. «El *proceso laboral,* desde el punto de vista *tecnológico,* se efectúa exactamente como antes»; lo que distingue entonces la subsunción fomal del trabajo al capital de las formas de producción anteriores es la «*escala* en que se efectúa; vale decir, por un lado la amplitud de los medios de producción adelantados, y por el otro la cantidad de los obreros dirigidos por el mismo patrón...». Se trata de una etapa previa que constituye «la base real sobre la cual se alza el modo de producción específicamente capitalista en condiciones históricas por lo demás favorables, como por ejemplo las del siglo xvi...». La *subunción real* del trabajo al capital caracteriza en cambio al «*modo de producción* específicamente *capitalista* (trabajo en gran escala, etc.), que, como hemos indicado, se desarrolla en el curso de la producción capitalista y *revoluciona* no sólo las relaciones entre los diversos agentes de la producción, sino simultáneamente la índole de ese trabajo y la modalidad real del proceso laboral en su conjunto».

Los conceptos de subsunción formal/subsunción real, del trabajo al capital, expresan, a un nivel más concreto, la problemática de la transición al capitalismo. Permiten subrayar que para

---

Japón, cf. P. M. Sweezy, M. Dobb, *et. al., La transición del feudalismo al capitalismo,* trad. R. Padilla, Ciencia Nueva, Madrid, 1967, pp. 103-106.
    140. K. Marx, *El capital,* libro I, cap. VI (inédito), trad. Pedro Scarón, Ediciones Signos, Buenos Aires, 1971, pp. 54-58 y 60-72; del mismo autor, *Líneas fundamentales...,* II, p. 88; *El Capital,* I, cap. XIV.

Marx el pasaje recién estaba completado cuando llegaba a predominar la *plusvalía relativa,* esto es, cuando la acumulación de capital se basaba no en la prolongación de la jornada de trabajo (plusvalía absoluta), sino en la productividad creciente de la mano de obra.[141]

Ciertos aspectos de la colonización y el desarrollo capitalista en el norte y el medio-oeste de los Estados Unidos en la primera mitad del siglo XIX pueden traerse ahora a colación. Una relación tierra/trabajo muy elevada y el acceso a la propiedad de la tierra limitado, por la especulación, a los agricultores, que poseían capital-dinero, determinaron el surgimiento de un proletariado agrícola; la escasez de mano de obra y los altos salarios, junto a los incentivos derivados de la exportación de cereales, determinaron una pronta difusión de técnicas ahorradoras de mano de obra, primero en la agricultura y después en las industrias incipientes.[142] En consecuencia, el desarrollo del capitalismo no puede explicarse únicamente en base al surgimiento del proletariado; la pronta adopción de técnicas que aseguran un incremento continuo de la productividad del trabajo es un factor decisivo para entender la pujanza secular del capitalismo norteamericano.

El concepto de acumulación primitiva de capital ha sido utilizado recientemente en diversos intentos de explicación global del subdesarrollo. Alonso Aguilar Monteverde, razonando sobre el ejemplo de México, considera que desde la conquista se produce un lento pero inexorable proceso de expropiación de los productores directos que no es sino un caso de acumulación primitiva de capital; el que no se produzca una rápida industrializa-

141. K. Marx, *El Capital,* I, p. 426: «La producción de plusvalía relativa supone, pues, un *régimen de producción específicamente capitalista,* que sólo puede nacer y desarrollarse con sus métodos, sus medios y sus condiciones, por un proceso natural y espontáneo, a base de la supeditación formal del trabajo al capital. Esta supeditación formal es sustituida por la *supeditación real del obrero al capitalista».*

142. Cf. H. J. Habakkuk, *Tecnología americana y británica en el siglo XIX, en busca de inventos ahorradores de trabajo,* trad. A. Gómez Mendoza, Editorial Tecnos, Buenos Aires, 1977; P. Temin, «Labor Scarcity in America», en Peter Temin (ed.), *New Economic History,* Selected readings, Penguin Books, Harmondsworth, 1973, pp. 165-180.

ción y falten, por lo tanto, los caracteres del capitalismo más típico, se explica por los factores que condicionan el monto y la utilización del excedente económico.[143] Ernest Mandel y Samir Amin emplean la idea de acumulación primitiva «permanente»,[144] según la cual los países de la periferia cumplirían, para el capitalismo metropolitano, un rol parecido al que les cupo a las colonias en el surgimiento del capitalismo inglés; esto explicaría la persistencia de las formas y relaciones precapitalistas que definen a menudo el subdesarrollo. Esta concepción constituye una variante de la teoría de la transferencia de excedentes de la periferia al centro que hoy goza de gran boga; fue formulada inicialmente por Paul Baran y divulgada por Gunder Frank.[145]

Uno de los rasgos más característicos de la literatura reciente sobre el desarrollo y la dependencia es el interés fundamental en la articulación entre centro y periferia. La noción inicial se puede hallar en los primeros escritos de la CEPAL,[146] que focalizaron la atención en las vinculaciones comerciales y las tendencias de la economía internacional. El deterioro de los términos del intercambio fue, durante algunos años, el principal instrumento analíti-

143. Alonso Aguilar Monteverde, *Dialéctica de la Economía Mexicana,* Editorial Nuestro Tiempo, México, 1968, pp. 96 y s.; pp. 103-109; del mismo autor; *Mercado interno y acumulación de capital,* Editorial Nuestro Tiempo, México, 1974, pp. 69 y s.

144. Cf. Ernest Mandel, *Ensayos sobre el Neocapitalismo,* trad. C. Sevilla y J. Cambre Mariño, Ediciones Era, México, pp. 153-171, especialmente pp. 163-164; Samir Amin, *L'accumulation a l'échelle mondiale,* critique de la théorie du Sous-développement, Ed. Anthropos, Ifan-Dakar, París, 1970, p. 32. La misma idea es retomada con ligeras variantes, en: Roger Bartra, *Estructura agraria y clases sociales en México,* Ed. Era, México, 1976[2], p. 97 y s.; Claude Meillassoux, *Mujeres, graneros y capitales,* trad. O. del Barco, Siglo XXI, México, 1977, pp. 149-151.

145. Cf. Paul A. Baran, *La economía política del crecimiento,* trad. N. Warman, F.C.E., México, 1967[4]; Andre Gunder Frank, *Capitalismo y Subdesarrollo en América latina,* trad. E. Pacios, Editorial Signos, Buenos Aires, 1970; la formulación más precisa del modelo se encuentra en Immanuel Wallerstein, *The Modern World System*: Capitalist Agriculture and the Origins of the European World Economy in the Sixteenth Century, The Academic Press, Nueva York, 1974.

146. Cf. por ejemplo, Raúl Prebisch, «Problemas teóricos y prácticos del crecimiento económico» en Andrés Bianchi *et al., América Latina, Ensayos de Interpretación Económica,* Editorial Universitaria, Santiago, 1969, pp. 41-78 (texto originalmente publicado en 1952).

co empleado, y los economistas se esforzaron en delinear políticas económicas que serían capaces de solventar, supuestamente, las perspectivas adversas del mercado mundial. En ciertas corrientes de pensamiento marxista se adoptó pronto un esquema algo similar, aunque la interpretación sugerida resultara en consecuencias inversas. Baran, Sweezy y Gunder Frank caracterizaron el subdesarrollo como resultado de la penetración imperialista, que creaba, a través de las inversiones extranjeras, «una gigantesca bomba de succión de excedente de los países subdesarrollados y la transferencia del control de una gran parte de sus recursos productivos a las grandes corporaciones imperialistas».[147] La conocida obra de Gunder Frank, *Capitalismo y subdesarrollo en América latina* (1967, traducción castellana, 1970), proporcionó tanto un paradigma de esta postura teórica cuanto una extensa (y discutible) aplicación histórica a los casos de Brasil y Chile.[148]

Otros autores han tratado de expresar la articulación entre centro y periferia a partir de un mecanismo de *intercambio desigual,* que operaría en el comercio internacional. La «superexplotación» de la mano de obra, en otros términos, el predominio casi exclusivo de la plusvalía absoluta, permitirían entender la posición crecientemente desfavorable de los productos primarios de exportación y la ausencia de un pasaje más rápido al capitalismo más típico.[149] Immanuel Wallerstein [150] ha construido, a partir de

147. Paul M. Sweezy, «Obstacles to Economic Development», en C. H. Feinstein (ed.): *Socialism, Capitalism and Economic Growth.* Essays presented to Maurice Dobb, Cambridge University Press, 1967, pp. 191-197, aquí p. 195.

148. Gunder Frank, *op. cit.*; cf. las críticas de Ernesto Laclau, «Feudalismo y capitalismo en América latina» y Carlos Sempat Assadourian, «Modos de producción, capitalismo y subdesarrollo en América latina», en C. Sempat Assadourian, Ciro F. S. Cardoso, *et al., Modos de producción en América latina,* Cuadernos de Pasado y Presente, Siglo XXI, Buenos Aires, 1973; también las de Eugène D. Genovese, «El enfoque comparativo en la historia latinoamericana», en Ciro F. S. Cardoso y Héctor Pérez Brignoli (compiladores), *Perspectivas de la historiografía contemporánea,* Sep-Setentas, México, 1976, pp. 34-50.

149. Ruy Mauro Marini, *Dialéctica de la Dependencia,* Ed. Era, México, 1973, pp. 24-49; Samir Amin, *op. cit.,* pp. 70-76. La formulación teórica original fue efectuada por A. Emmanuel.

150. Cf. I. Wallerstein, *op. cit.*

un esquema parecido, un modelo teórico de la génesis y expansión del capitalismo a nivel mundial. Aunque esta última es la formulación más rigurosa, no escapa a ciertas debilidades, que son por cierto comunes a la línea de pensamiento originada por la obra de Baran y Sweezy. Resumiendo brevemente, puede afirmarse que los problemas derivan del estatuto teórico asignado al comercio y a la economía mercantil. Una vez que se identifican capitalismo y relaciones de mercado, la articulación básica entre centro y periferia se plantea exclusivamente a nivel de la circulación (el intercambio desigual), y la «superexplotación» de la mano de obra es una consecuencia obligada de la relación desigual en el mercado.[151] La teoría resultante pretende explicar la naturaleza del capitalismo como sistema mundial, y en las definiciones básicas hay una abstracción completa de la estructura y las luchas de clase. Robert Brenner ha mostrado, en un artículo reciente, cómo esta postura está en rigor mucho más cerca de la teoría del desarrollo de Adam Smith que de las preocupaciones de Marx.[152] Para este autor:

> Ni el desarrollo en el centro ni el subdesarrollo en la periferia fueron determinados por la transferencia del excedente. El desarrollo económico fue un proceso cualitativo, que no implica únicamente una acumulación de riqueza en general, sino que estuvo centrado en el desarrollo de la productividad del trabajo de los productores directos de los medios de producción y de subsistencia. Este desarrollo de la productividad del trabajo, más significativo en la agricultura, que ocurrió en Europa occidental durante los albores del período moderno, dependió de la emergencia de un sistema social que tendió no sólo a equipar los productores directos con capital y especia-

151. Cf. Roger Bartra, «Sobre la articulación de modos de producción en América latina», en *Historia y Sociedad* n.º 5, primavera de 1975 (México), pp. 5-19, aquí pp. 10-11.

152. Cf. Robert Brenner, «The Origins of Capitalist Development: A critique of Neo-Smithian Marxism», en *New Left Review,* julio-agosto, 1977, pp. 25-92. Para Smith el desarrollo económico es una consecuencia del auge comercial, basado en la división del trabajo, y deriva de la especialización y los incrementos, en la productividad del trabajo. Celso Furtado utiliza un modelo similar, cf. su *Teoría y Política del Desarrollo Económico,* Siglo XXI, México, 1962², cap. 11: «Las formas históricas del desarrollo».

lización al más alto nivel técnico existente, sino que también proveyó la capacidad para continuar haciéndolo en una escala creciente.[153]

La posición de Robert Brenner implica un significativo cambio de perspectiva, por el cual bregaron antes autores como Eugene Genovese.[154] Cualquier explicación sobre el carácter *limitado* del pasaje al capitalismo en la América latina del siglo XIX debe partir de la estructura y dinámica de las clases sociales, conformadas por un sistema de la propiedad y un sistema de extracción del excedente. La adopción de este punto de vista implica abandonar la idea de que la transferencia de excedente de la periferia al centro constituye un requisito *indispensable* para el crecimiento del capitalismo.[155] A la vez, tampoco puede generalizarse la idea de que las relaciones con el mercado mundial son las causantes principales del fracaso de un desarrollo capitalista autónomo.[156]

153. Robert Brenner, *op. cit.*, pp. 67-68. Cf. también del mismo autor, «Agrarian Class Structure and Economic Development in Pre-Industrial Europe», en *Past and Present*, n.º 70, febrero, 1976, pp. 30-75.
154. Eugène Genovese, *Esclavitud y capitalismo,* trad. Ángel Abad, Ariel, Barcelona, 1971, pp. 32 y ss.
155. Sobre estos problemas, cf. la excelente antología de Roger Owen y Bob Sutcliffe, *Studies in the theory of Imperialism,* Longman, Londres, 1976³, especialmente caps. I, II y VII y pp. 312-330.
156. Como es la opinión de Gunder Frank, cf. *op. cit.* y del mismo autor, *Lumpenburguesía: lumpendesarrollo,* Ediciones Prensa Latinoamericana, Santiago, 1970. El análisis de los intentos frustrados de desarrollo independiente debería incluir una comparación sistemática con la industrialización de países como España, Italia y Europa central y oriental.

Capítulo 5

ECONOMÍAS DE EXPORTACIÓN (1870-1970)

A) CAPITALISMO Y MERCADO MUNDIAL: LA EXPERIENCIA LATINOAMERICANA (1870-1970)

1. COMERCIO INTERNACIONAL, FLUJOS DE CAPITAL Y DESARROLLO ECONÓMICO

El considerar como sinónimos industrialización y desarrollo económico se ha convertido, después de la segunda guerra mundial, en un lugar común. La identificación ha surgido de dos experiencias históricas divergentes: la vertiginosa expansión del capitalismo industrial en los siglos XIX y XX, y la muy dura y exitosa trayectoria de la industrialización soviética entre 1928 y la década de 1960. La característica más sobresaliente de lo que Simon Kuznets llama el «crecimiento económico moderno» [1] es, probablemente, el ritmo de incremento sostenido en el producto *per capita*. Existe además un consenso muy amplio en cuanto

1. Simon Kuznets, «Modern Economic Growth: Findings and Reflections», Disertación al recibir el Premio Nobel en 1971, en *The American Economic Review,* junio de 1973, pp. 247-258. Las características señaladas por Kuznets (pp. 248-251) incluyen: tasas de incremento muy elevadas en el producto *per capita* y la productividad del trabajo; transformaciones estructurales en la economía, la estructura social y las ideologías; expansión de una economía mundial en la cual el desarrollo se halla desigualmente distribuido.

a que aumentos continuos en la productividad, a largo plazo, sólo pueden ocurrir a través de un proceso de industrialización.[2] En otros términos, «el proceso de acumulación de capital y el proceso de industrialización son virtualmente idénticos porque la aplicación de las técnicas mecanizadas es, tradicionalmente, mucho más limitada en la agricultura que en la producción industrial.[3]

Otro aspecto, sobre el cual existe un considerable acuerdo, es la idea de que lo que realmente asegura un rápido y continuado incremento del producto *per capita* es el sector de la industria que produce bienes de capital, de cuya dinámica dependen los bienes de consumo final (industriales y agrícolas) y los bienes intermedios (materias primas). En los casos de «industrialización tardía» el énfasis en este sector es constatado por Alexander Gerschenkron[4] en sus brillantes investigaciones sobre las consecuencias del «atraso económico» en el proceso de industrialización europea en el siglo XIX. Es bien conocido, por otra parte, que la planificación soviética se basó, desde 1928, en la «prioridad de la industria pesada»; el economista del Gosplan G. A. Feldman demostró entonces que esa opción era indispensable para lograr una tasa máxima de crecimiento del ingreso nacional.[5]

Cabe preguntarse ahora sobre el papel del comercio internacional en el proceso de desarrollo. Entre 1820 y 1913 el intercambio mundial de mercancías creció a un ritmo que no tiene precedentes.[6] Kuznets ha calculado la proporción, en los países desarrollados, del comercio exterior total (suma de exportaciones

2. Para una posición contraria, cf. Jacob Viner, *Comercio Internacional y Desarrollo Económico,* trad. J. Ros, Tecnos, Madrid, 1961, especialmente cap. III.

3. Maurice Dobb, *Papers on Capitalism, Development and Planning,* Routledge and Kegan Paul, Londres, 1967, p. 71.

4. Alexander Gerschenkron, «Las primeras fases de la industrialización en Rusia: Consideraciones y reconsideraciones», en W. W. Rostow (ed.), *La economía del despegue hacia el crecimiento autosostenido,* trad. C. Muñoz, Alianza Editorial, Madrid, 1967, pp. 180-196; cf. también del mismo autor, *El atraso económico en su perspectiva histórica,* trad. Soledad Bastida, Ariel, Barcelona, 1968.

5. Dobb, *op. cit.,* p. 110. Paul Baran sostiene la misma idea en *La Economía Política del Crecimiento,* trad. N. Warman, F.C.E., México, 1959.

6. Simon Kuznets, *Crecimiento económico moderno,* trad. R. de los Ríos Romero, Aguilar, Madrid, 1973, pp. 306-307, 313 y cuadro 6-3.

e importaciones) con respecto al producto nacional bruto; dicho porcentaje da una medida aproximada pero útil de la dependencia, en cada caso, de los mercados exteriores. Al examinar el comportamiento de los países desarrollados durante el señalado *boom* secular del comercio internacional concluye: *a*) que los países europeos (Reino Unido, Francia, Alemania, Italia, Dinamarca, Noruega y Suecia) muestran una participación que aumenta continuamente hasta la primera guerra mundial; *b*) que en las regiones de poblamiento reciente (Estados Unidos, Canadá y Australia) las proporciones del comercio exterior disminuyen levemente en ese mismo período.[7] Por otra parte, después de 1913 se constata una declinación en el ritmo de crecimiento del comercio mundial paralela a un estancamiento y/o disminución de la proporción del comercio en el producto nacional bruto en casi todos los países desarrollados.[8]

Las investigaciones de Kuznets también arrojan luz sobre otro aspecto importante del tema que nos ocupa. Las naciones pequeñas dependen del comercio exterior mucho más que las grandes, compensando, a través de los intercambios, la especialización de su estructura productiva interna y las consiguientes limitaciones en el consumo final.[9] Debe notarse que los países de Europa occidental se encuentran precisamente en esta situación, en contraste con los Estados Unidos o la Unión Soviética. Estas consideraciones ayudan a entender mejor la posición peculiar de Gran Bretaña en el contexto de la expansión económica secular iniciada con la revolución industrial.

Eric Hobsbawm y otros autores,[10] tratando de especificar las condiciones básicas de la industrialización británica, han insistido en la significación particular de las exportaciones. En el caso del

7. *Op. cit.*, pp. 313-320 y cuadro 6-4.
8. *Op. cit.*, pp. 320-322.
9. Simon Kuznets, *Aspectos Cuantitativos del Desarrollo Económico,* Centro de Estudios Monetarios Latinoamericanos, Cemla, México, 1959, p. 110; cf. p. 101 y ss. para los criterios sobre tamaño de los países.
10. Cf. Cafagna, Hobsbawm, *et al., Industrialización y desarrollo,* trad. M. Bilbatua, Alberto Corazón Editor (Serie Comunicación n.º 24), Madrid, 1974; Phyllis Deane, *La primera revolución industrial,* trad. Solé Tura, Península, Barcelona, 1975³, cap. IV.

textil, aseguraron la expansión continuada de dicha industria y permitieron luego el pasaje a una industria de bienes de capital, con los ferrocarriles, lo cual provocó un cambio estructural en la nación entera.[11] El ejemplo inglés permite afirmar que el factor decisivo en el proceso de desarrollo es el cambio en la tecnología y en las relaciones de producción. En otros términos, la demanda existente no fue capaz de asegurar el crecimiento sostenido en la oferta de bienes que se derivaba de la producción mecanizada. Es significativo que un autor como Hollis Chenery,[12] al efectuar un análisis transversal de la estructura industrial en 51 países, en los años 1950-1955 llegue a una conclusión similar, al indicar que los cambios en la oferta son mucho más significativos, para el proceso de desarrollo, que los cambios en la demanda; los efectos de eslabonamiento o enlace decisivos provienen de aquélla y no de esta última. El desarrollo de los Estados Unidos, al igual que el de otras regiones de «poblamiento reciente», confirma lo afirmado anteriormente. La escasa importancia del comercio exterior se explica, en esos casos, por una dotación privilegiada de recursos naturales y por una afluencia masiva de inmigrantes y de capitales que jugaron un rol equivalente al de las exportaciones británicas a la periferia. No debe perderse de vista el hecho crucial de que la migración de factores, asociada al *boom* secular del comercio y de la producción, entre 1820 y la primera guerra mundial, se concentró en dichas regiones y en otras áreas similares: Canadá, Nueva Zelanda, Australia y, en menor medida, en Sudáfrica, Argentina y Uruguay.[13]

Se pueden comprender ahora las limitaciones estructurales que estaban implicadas en un proceso de crecimiento asociado a la expansión de las exportaciones de bienes primarios, como es el caso en la América latina de los últimos cien años. El retardo en el ritmo del crecimiento del comercio internacional, observado

11. Cf. Eric J. Hobsbawm, *Las revoluciones burguesas,* trad. Felipe Ximénez, Guadarrama, Madrid, 1971², cap. II.
12. Hollis B. Chenery, «Patterns of Industrial Growth», en *The American Economic Review,* septiembre de 1960, pp. 624-654.
13. Cf. A. G. Kenwood y A. L. Lougheed, *Historia del desarrollo económico internacional.* Desde 1820 hasta la primera guerra mundial, trad. E. de la Fuente, Istmo, Madrid, 1973.

a partir de la primera guerra mundial, refleja no sólo coyunturas sumamente desfavorables como las de las conflagraciones mundiales o la depresión de 1929. Su significación debe establecerse considerando que la especialización en la producción de bienes primarios no condujo en los países subdesarrollados a una elevación, en el largo plazo, de la productividad del trabajo.[14] A partir de 1913, tanto los volúmenes del comercio de dichos productos como la producción industrial de los países desarrollados continuaron creciendo; pero esta última lo hizo a un ritmo muy superior y con un índice de diversificación cada vez más pronunciado.

La vinculación de las áreas periféricas al mercado mundial no implicó, en cada país, una asignación óptima de recursos, como pretende la teoría de los costos comparativos.[15] La exportación, basada en una capacidad productiva interna excedente, permitió lograr una elevación real en el ingreso total aunque ésta reposara sobre bases muy frágiles. No es extraño entonces que en países de poca población, que por sus recursos naturales lograron grandes excedentes exportables, la elevación del ingreso permitió importaciones *per capita* de bienes manufacturados muy elevados. Basta recordar los cálculos de Folke Hilgert para los años 1926-1929[16] (véase el cuadro de la página siguiente).

Pero de más está decir que lo que contó a largo plazo fue la estructura interna de la producción, en cada caso, independientemente de las a veces sorprendentes elevaciones en los ingresos generados por las exportaciones. Las referencias anteriores justifican con creces el desencanto generalizado que, después de la segunda guerra mundial, se extendió entre muchos especialistas

14. Kuznets ha mostrado que los aumentos en la productividad —esto es, del producto por unidad de insumo—, pueden explicar, en el caso de los países desarrollados la mayor parte de los aumentos en el producto *per capita,* cf. S. Kuznets, *Economic Growth of Nations,* Total Output and Production Structure, The Belknap Press of Harvard University Press, Cambridge, Mass. 1971, pp. 306-307.

15. Cf. Hla Myint, «The classical theory» of international trade and underdeveloped countries», en *Economic Policy for Development,* ed. por I. Livingstone, Penguin Books, Hardmondsworth, 1971, pp. 85-112 (original *The Economic Journal,* vol. 68, 1958).

16. League of Nations, *Industrialization and Foreign Trade,* reprinted by the United Nations, Nueva York, 1948, pp. 84-86.

Países	Población (millones)	Importación *per capita* de bienes manufacturados (dólares)
Malaya británica . . .	4,0	41
Cuba	3,6	31
Chile	4,1	28
Ceylán	5,4	9
Filipinas	12,0	7
Suecia	6,1	31
Holanda	7,7	52

en la economía del desarrollo, en cuanto a los beneficios derivados del comercio internacional.[17]

El flujo de capitales hacia la periferia constituye otro de los rasgos básicos de la gran onda de expansión ocurrida entre 1820 y 1913. Los capitales británicos, franceses desde 1850, y alemanes desde 1870, se invirtieron masivamente en los países de poblamiento reciente y en algunas zonas de la periferia. J. A. Hobson (1904) y Lenin (1916) formularon, a partir de este fenómeno que ellos definieron como exportación de capital, una teoría del imperialismo, explicativa de la expansión mundial del capitalismo. En la visión de Lenin [18] el imperialismo resultaba de la concentración industrial y el ascenso de los monopolios (grandes corporaciones) y se producía en un contexto de dura lucha internacional por el reparto colonial del mundo. La búsqueda de mercados, la necesidad de asegurarse fuentes de materias primas, y el flujo de

17. Cf. Ragnar Nurkse, *Comercio Internacional y Desarrollo Económico,* trad. C. Löffler, Amorrortu Editores, Buenos Aires, 1968 (Conferencias Wicksell, 1959), y las obras de R. Prebisch y G. Myrdal.

18. Cf. V. I. Lenin, *El Imperialismo, fase superior del capitalismo,* en *Obras Escogidas en tres tomos,* Editorial Progreso, Moscú, 1970, I, pp. 689-798; para un panorama de las teorías del imperialismo, incluyendo las aportaciones de Rosa Luxemburgo, Hilferding y otros, cf. Paolo Santi *et al., Teoría Marxista del Imperialismo* (Cuaderno de pasado y presente, n.° 10). Siglo XXI, Buenos Aires, 1971.

capitales, configuraron los elementos básicos del nuevo sistema de dominación.

J. A. Hobson y Lenin manejaban cifras relativas a las inversiones imperialistas que estudios posteriores han, en líneas generales, confirmado.[19] Pero la idea de la exportación de capital no ha resistido una andanada de críticas demoledoras. Lenin estableció una *relación causal* entre el proceso de concentración industrial y financiera, la baja de los beneficios (particularmente notoria durante la gran depresión de 1873-1896), y el flujo de las inversiones a la periferia en busca de «superbeneficios coloniales»; dedujo de esto el «parasitismo y la putrefacción» de las metrópolis convertidas en «rentistas».[20] Siguiendo la conocida opinión de Keynes de que la única exportación neta de capital en la historia británica fue la inversión del tesoro de Drake en la Compañía de las Indias orientales, J. Knapp demostró que el *monto total* de inversiones británicas en el exterior en 1913 se podía explicar simplemente por la *reinversión de los intereses y ganancias* de las inversiones existentes hacia 1870. En otros términos, era muy dudosa la existencia de exportaciones *netas* de capital en el período que para Lenin y J. A. Hobson había sido de auge de dichas transferencias.[21] Knapp concluyó entonces en que el flujo de capital al exterior financiaba una deuda cada vez mayor de los países que tomaban prestado y no implicaba una *transferencia real* de bienes y servicios.

En los años siguientes a la publicación de los estudios de Knapp varios autores se esforzaron por aclarar la naturaleza de las inver-

19. Cf. H. Feis, *Europe the World's Banker, 1870-1914,* Yale University Press, 1930; A. K. Cairncross, *Home and Foreign Investment, 1870-1913,* Cambridge University Press, 1953; A. H. Imlah, *Economic Elements in the Pax Britannica,* Harvard University Press, 1958.
20. V. I. Lenin, *op. cit.,* pp. 793 y ss.
21. J. Knapp, «Capital Export and Growth», en *The Economic Journal,* vol. 48, n.º 267, septiembre de 1957, pp. Imlah desarrolló una idea parecida (*op. cit.*); A. Emmanuel, «El colonialismo blanco y el mito del imperialismo de la inversión», en Bob Rowthorn *et al., Capital monopolista yanqui y capital monopolista europeo,* trad. O. Muslera, Granica Editor, Buenos Aires, 1973, pp. 105-139 (original *New Left Review,* 1972) defiende un razonamiento similar, pero, curiosamente, no menciona a los autores anteriores.

siones inglesas en el exterior.[22] A. G. Ford, a partir de un minucioso estudio sobre las relaciones entre Gran Bretaña y Argentina en el período 1880-1914 saca a la luz lo que parece ser el mecanismo fundamental: [23]

> Consideremos el caso de una Compañía de ferrocarriles radicada en el extranjero que incrementaba sus fondos mediante una nueva emisión en Londres. Parte de esos fondos eran empleados para comprar rieles y locomotoras británicas, expandiendo así directamente las exportaciones británicas de bienes de inversión, mientras que el resto lo transfería para financiar la construcción de las nuevas vías. Como los fondos eran gastados en el país prestatario, se producía en este último un aumento de los ingresos y, por tanto, de las compras de bienes de consumo importados, de los cuales Gran Bretaña era un abastecedor importante. De esta manera, las exportaciones británicas de dichos bienes tendían a expandirse como resultado de esa influencia indirecta. En general, del lado del prestatario, los préstamos provocaban una expansión en la compra de importaciones en relación a las exportaciones (no sólo mediante compras directas en el exterior y de bienes de inversión, sino también mediante compras inducidas de bienes de consumo) declinando la relación de exportaciones a importaciones en los períodos de fuertes préstamos. Con seguridad, un aumento de préstamos británicos a la Argentina hacía que esta última incrementara sus compras de importación, especialmente aquellas provenientes de Gran Bretaña. [...] Se considera que esta experiencia fue típica para una gran parte de las inversiones británicas en el extranjero, de manera que dichos préstamos (*ex ante*) provocaban un superávit en la cuenta corriente del balance de pagos (préstamos *ex post*) mediante movimientos en el valor de las exportaciones en relación a las importaciones.

22. Cf. un resumen de estos debates en Michael Barratt Brown, *La Teoría económica del imperialismo,* trad. B. Paredes, Alianza Editorial, Madrid, 1974, pp. 175-206.
23. A. G. Ford, *El patrón oro: 1880-1914. Inglaterra y Argentina,* trad. E. Lenhardtson y M. Fiorito, Editorial dell Instituto Di Tella, Buenos Aires, 1966, pp. 120-122; Barrat Brown llega a una conclusión parecida, cf. *op. cit.,* p. 204.

Debe agregarse a esto que una buena parte de los empréstitos negociados en Londres, o en otras plazas financieras, estaban garantizados o eran contratados directamente por los gobiernos de los países prestatarios.[24]

Es obvio que estas inversiones, localizadas en ferrocarriles y otros rubros del capital social básico, tuvieron un impacto decisivo en el auge de las exportaciones. En algunos países de la periferia la dotación de vías férreas alcanzó índices similares a los de los países desarrollados:

Países	Kilómetros de ferrocarril por cada 10.000 habitantes en 1913 [25]
Australia	65,0
Canadá	61,3
Estados Unidos	43,5
Argentina	41,9
Chile	20,3
México	16,4
Brasil	9,3
India	1,7

Pero debemos insistir, una vez más, en un factor estructural de importancia crucial. Aun en un caso como el de Argentina —el más parecido en América latina a las regiones de poblamiento reciente («capitalismo joven») como los Estados Unidos, Australia

24. Según las cifras de J. F. Rippy (*British Investments in Latin America, 1822-1949*, University of Minnesota Press, 1959) en 1880, de un total de 179,2 millones de libras esterlinas invertidos en América latina, el 68 % eran préstamos directos a los gobiernos; en 1890 sobre una inversión total de 425,5 millones esa proporción era del 46 % y en 1913 del 32 % (sobre 998,7 millones de libras como inversión nominal total). Las garantías implicaban el compromiso estatal de un rendimiento mínimo que, de no alcanzarse, era compensado por los fondos públicos.

25. Vicente Vázquez-Presedo, *El caso Argentino*. Migración de factores, comercio exterior y desarrollo, 1875-1914, Eudeba, Buenos Aires, 1971, p. 44.

y Canadá—, la masiva construcción ferroviaria tuvo un efecto de
«enlace hacia atrás».[26] insignificante: de hecho sólo favoreció a la
industria y a la minería británicas.[27] En otros casos, la situación es
todavía más desfavorable. El admirable estudio de John H. Coatsworth sobre los ferrocarriles mexicanos en el Porfiriato concluye: [28]

> Tal vez sea irónico que en el único caso en que los ferro-
> carriles han probado realmente ser «indispensables», se hayan
> construido en una economía atrasada y agraria casi en su tota-
> lidad, y mucho antes del verdadero comienzo de la era indus-
> trial de la nación. De hecho, el ferrocarril contribuyó muy
> poco al crecimiento industrial de México en el porfiriato. La
> mayor parte de la carga de los ferrocarriles mexicanos de este
> período consistía en materias primas para la exportación; y la
> casi totalidad de los eslabonamientos hacia atrás, dirigidos a
> los proveedores industriales, se fugaron a través de la frontera
> hacia los Estados Unidos (o atravesaron el océano hacia Eu-
> ropa occidental). Desde luego que los ferrocarriles mexicanos
> jugaron un papel decisivo en el crecimiento económico del por-
> firiato; pero el tipo de desarrollo que propiciaron fue tan dese-
> quilibrado como la composición de la carga que transportaban.
> Los beneficios directos del desarrollo ferroviario en gran me-
> dida acabaron en manos de los propietarios extranjeros de la
> industria minera mexicana. Si a la carga proporcionada por la
> industria minera se le añade la demás carga de exportación,

26. El concepto de enlace (linkage) ha sido elaborado por Hirschman,
cf. de este autor, «Enfoque generalizado del desarrollo por medio de enlaces,
con referencia especial a los productos básicos», en *El Trimestre Económico,*
n.º 173, México, enero-marzo de 1977, pp. 199-236.
27. Las concesiones incluyeron exenciones aduaneras, tierras gratuitas,
etcétera. Un ejemplo característico se encuentra en la ley 5.315, llamada ley
Mitre, aprobada por el Congreso argentino en 1907: las compañías fueron
exentas, durante 40 años, de derechos de aduanas para todos los materiales
de construcción y explotación y de cualquier otro impuesto; se obligaron,
en su lugar, a pagar al Estado el 3 % del producto líquido de sus líneas.
Para una crítica detallada, con una evaluación de las pérdidas que la ley
ocasionó al país, cf. Ricardo M. Ortiz, *El ferrocarril en la economía argentina,* Editorial Cátedra Lisandro de la Torre, Buenos Aires, 1958² (actua-
lizada).
28. John H. Coatsworth, *Crecimiento contra desarrollo: El impacto económico de los ferrocarriles en el porfiriato,* trad. Julio Arteaga, Sep-Setentas,
México, 1976, 2 vols., II, pp. 85-86.

así como la de importación, entonces habremos contabilizado probablemente las dos terceras partes o más del total de servicios ferroviarios de carga.

Con algunas variantes, efectos similares se pueden observar en todos los países de América latina en un agudo, y a largo plazo trágico contraste, con los efectos de enlace en los países desarrollados.[29]

Después de la primera guerra mundial el movimiento internacional de capitales sufre profundas modificaciones. Desde los años 1920 los Estados Unidos se convierten en los principales acreedores mundiales.[30] El flujo de inversiones desciende notoriamente durante la década de 1930 y se recupera en los años 1950. En esa época alcanza entre dos y tres millones de dólares, a precios de 1913, o sea el «doble o triple» del verificado en el período 1900-1914, pero ahora «más de la tercera parte de ese flujo consistió en donaciones oficiales y otra quinta parte en préstamos de gobiernos...». «Los flujos de capital privado supusieron sólo el 45 % del total en la década de 1950.»[31] Si a esto se agrega que buena parte de los préstamos oficiales asumen la forma de créditos para la compra de mercancías producidas en los países desarrollados, no parece que estemos muy lejos del mecanismo enunciado por A. G. Ford. De la postguerra a nuestros días la

29. Fishlow indica: «Los países subdesarrollados arruinados por sectores agrícolas extensos e improductivos, el analfabetismo, la concentración de la riqueza y la intervención estatal que frecuentemente resulta en derroche, apenas si pueden derivar esperanza de la eficacia de la inversión en ferrocarriles en los Estados Unidos antes de la guerra civil» (Albert Fishlow, *Railroads and the Transformation of the Antebellum Economy,* Harvard University Press, Cambridge, 1965, p. 311).

30. Cf. Kuznets, *Crecimiento económico...* cuadro 6-5, pp. 326-330, la distribución porcentual de las inversiones en el exterior de las principales potencias evoluciona como sigue:

	1921-29	*1930-38*	*1951-55*	*1956-61*
Reino Unido . .	28 %	14 %	11 %	10 %
Francia	22 %	1 %	3 %	6 %
Alemania . . .	—	—	2 %	9 %
Estados Unidos .	43 %	78 %	78 %	67 %

31. *Op. cit.,* p. 333.

entrada neta de capitales ha sido, en el conjunto de América latina, negativa. La importancia creciente de las inversiones extranjeras directas en la industria no ha modificado esta tendencia, parece más bien que la ha reforzado.[32]

2. TENDENCIAS Y ORIENTACIÓN GEOGRÁFICA DEL COMERCIO EXTERIOR DE AMÉRICA LATINA

En el cuadro 6 se presentan datos sobre el valor de las exportaciones e importaciones de América latina, en años seleccionados, entre 1913 y 1974. Lamentablemente no disponemos de datos agregados medianamente confiables, para el conjunto de América latina, antes de 1913. Las tendencias de los intercambios pueden conocerse, parcial pero aceptablemente, recurriendo a las estadísticas de comercio exterior de los Estados Unidos y del Reino Unido.[33] Las exportaciones latinoamericanas hacia esos mercados crecieron fuertemente entre 1850 y 1873, y en términos relativos lo hicieron más hacia Estados Unidos, a pesar del episodio de la guerra civil (1861-1865), que interrumpió sólo momentáneamente dicho auge. La crisis de 1873 constituyó una cesura de largas consecuencias: las exportaciones hacia el Reino Unido cayeron continuamente hasta 1886, a un promedio anual aproximado de

32. Cf. Celso Furtado, *La economía latinoamericana,* desde la conquista ibérica hasta la revolución cubana, Siglo XXI, México, 1969, pp. 200-213; Teotonio Dos Santos, «The Changing Structure of Foreign Investment in Latin America», en James Petras y Maurice Zeitlin, *Latin America. Reform or Revolution,* A Reader, A Fawcet Premier Book, Nueva York, 1968, pp. 94-98 (hay trad. cast.).

33. Lo que sigue se basa en un análisis gráfico de las series U-131-140 de *Historical Statistics of the United States,* from colonial times to 1957 (Washington, 1960) y del apéndice de D. C. M. Platt, *Latin America and British Trade, 1806-1914,* Adam y Charles Black, Londres, 1972, referidos, respectivamente, a las importaciones de Estados Unidos y Gran Bretaña, procedentes de América latina entre 1850 y 1913. Nótese que el comercio de América latina era más diversificado en 1850-1873 que en el período siguiente; en esa época, aunque el peso de Estados Unidos y Gran Bretaña era considerable, el comercio con Europa continental también era muy significativo; cf. Tulio Halperin Donghi, *Historia contemporánea de América latina,* Alianza Editorial, Madrid, 1969, pp. 224-226.

—0,8 %; la recuperación, algo lenta entre 1886 y 1897, fue muy vigorosa entre el fin del siglo y la primera guerra mundial. Las exportaciones hacia Estados Unidos estuvieron estancadas entre 1873 y 1898, salvo un corto auge de 1885 a 1892, y crecieron vertiginosamente entre 1898 y 1914. En suma, la onda expansiva, coronada por la crisis de 1873, sólo vuelve a reencontrarse en los últimos años del siglo XIX; el nuevo impulso durará hasta la primera conflagración mundial.

CUADRO 6

Comercio exterior de América latina en años seleccionados
(1913-1974), en millones de dólares

	Importaciones			Exportaciones		
Años	Valores corrientes	A precios de 1913	Cambio porcentual	Valores corrientes	A precios de 1913	Cambio porcentual
1913 . .	1.453	1.453	—	1.588	1.588	—
1929 . .	2.415	1.769	22 %	2.920	2.139	35 %
1938 . .	1.486	1.320	—25 %	1.803	1.601	—25 %
1948 . .	5.981	2.529	92 %	6.635	2.805	75 %
1953 . .	6.351	2.613	3 %	7.296	3.001	7 %
1965 . .	9.770	3.635	39 %	10.778	4.010	34 %
1972 . .	19.073	5.755	58 %	17.173	5.182	29 %
1974 . .	42.032	9.443	64 %	38.973	8.756	69 %

FUENTES: *The Foreign Trade of Latin America since 1913*, Pan American Union, Division of Economic Research, Washington, 1952, pp. 37 y 44; *Statistical Abstract of Latin America*, University of California, vol. 18, 1977, pp. 347 y 351. Para calcular los valores a precios de 1913 se usó como desinflador el *Wholesale price Index of All Commodities*, elaborado por el *Bureau of Labour Statistics* y publicado en el *Statistical Abstract of the United States*.

No resulta difícil establecer una coincidencia general entre las fases sucesivas de auge y de contracción del comercio latinoame-

ricano con la coyuntura económica de los países industrializados.
El crecimiento del comercio entre 1850 y 1873 se inscribe en un
contexto capitalista particularmente expansivo: auge de la construcción ferroviaria, triunfo de la navegación de vapor (canal de Suez,
1869), «fiebre del oro» en California, incremento notorio del
movimiento internacional de capitales, etc.[34] En América latina esta
fase coincide, en casi todos los países, con una *aceleración* de los
procesos de reordenamiento interno que examinamos en el capítulo
anterior: avance sobre las tierras comunales y de propiedad ecle-
siástica; colonización de áreas vacías; preparación del fin de la
esclavitud, etc. La expansión adquiere un ritmo más moderado
entre 1873 y la década de 1890: es un período de crisis y reaco-
modo en la dinámica de la expansión capitalista, densamente
connotado por la rivalidad creciente entre los estados industrializados. Hacia el final de esa fase se consolida lo que Tulio Halperin
Donghi llama el «orden neocolonial»,[35] o sea la vinculación permanente de las economías exportadoras a un sistema mundial dominado por las potencias industriales. Los mencionados procesos de
transición se completan en un buen número de países; el ritmo más
lento en la expansión de las exportaciones no parece haber afectado mucho, sobre todo en el largo plazo: la fuerte baja de los
fletes marítimos y términos de intercambio favorables a los productos primarios compensaron, seguramente, ese ritmo de crecimiento menor.

Al filo del nuevo siglo la expansión vuelve con fuerza inusitada para ser interrumpida por la guerra mundial (1914-1918) y
sus secuelas (1919-1922); el auge de los años veinte es a todas
luces transitorio: en la América latina exportadora, y también en
los centros industriales, se ha llegado probablemente a un límite
de crecimiento [36] que la venidera crisis de 1929 mostrará con dureza
implacable. La comparación de las cifras del comercio exterior
(ver cuadro 6) en 1913 y 1929, dos picos de prosperidad que

34. *Historia del Mundo Moderno* (Cambridge University Press), trad.
M. Casamar, Editorial Ramón Sopena, Barcelona, 1971, X, pp. 14-34.
35. Tulio Halperin Donghi, *op. cit.,* caps. 4 y 5, pp. 280-283.
36. Cf. Simon Kuznets, *Secular Movements in Production and Prices,*
Houghton Mifflin Co., Boston, 1930.

nuestros padres y abuelos no se cansarán de añorar, revela, usando como base los precios de 1913, una expansión superior de las exportaciones (35 %) con respecto a las importaciones (22 %). Los términos del intercambio, favorables a los productos primarios hasta 1919,[37] empeoran después continuamente:

$$1913 = 100$$
$$1920 = 78$$
$$1926 = 70$$
$$1929 = 80$$
$$1933 = 63$$

Si se hace la comparación de los cambios de volumen (siempre a precios de 1913) entre 1929 y 1938, se observa que nueve años de depresión han contraído exportaciones e importaciones en un 25 %.

Las transformaciones que se operan entre 1929 y 1950 pueden compararse con los reacomodos del período 1873-1890.[38] Estos cambios profundos en la dinámica del capitalismo pueden resumirse en dos frases: fracaso del *laissez-faire* e intervencionismo del Estado. El crecimiento industrial, que a partir de 1939 conocerá un período de treinta años de expansión, jalonado apenas por recesiones leves (la misma palabra crisis desaparece del lenguaje oficial, de los medios de negocios y del mundo universitario), fue posible a través de tres mecanismos básicos: *a*) la «reconstrucción» de los países industrializados en la postguerra (Europa occidental y Japón), que creó poderosos vínculos con la economía

37. P. T. Ellsworth, «The Terms of Trade between Primary-producing and Industrial Countries». Reimpreso en I. Livingstone (ed.), *Economic Policy for Development,* Penguin Books, Harmondsworth, 1971, pp. 197-214, aquí p. 200; de esa tabla, basada en las series de Schlote sobre el comercio del Reino Unido, se derivan nuestros comentarios. El tema de los términos del intercambio es complicado y pleno de dificultades metodológicas. El artículo de Ellsworth, entre otros, es una advertencia contra generalizaciones rápidas de tendencias a largo o corto plazo de dicha relación.

38. Cf. *Historia del Mundo Moderno, op. cit.,* vol. XII; Ingvar Suennilson, *Growth and Stagnation in the European Economy,* United Nations Economic Comission for Europe, Ginebra, 1954. Maurice Crouzet (ed.), *Le Monde Depuis 1945,* 2 vols.,Presses Universtaires de France, París, 1973.

norteamericana (expansión de las exportaciones de mercancías y capitales); *b*) la ampliación del consumo interno de productos industriales; y *c*) el gasto público creciente (en el cual los armamentos juegan un rol fundamental).[39]

El orden económico internacional que surgió de la depresión de los treinta y de la segunda guerra mundial era muy diferente de aquel otro, consolidado entre 1850 y 1873. Para los países exportadores de bienes primarios la nueva situación ofreció escasas ventajas: el comercio internacional creció a un ritmo muy inferior y los aumentos sustanciales se produjeron en los intercambios entre los países industrializados; los bienes exportados por la periferia apenas cambiaron de naturaleza, en un contexto industrial de cambios tecnológicos permanentes y de aumentos continuos en la productividad; la demanda, en los países desarrollados, sufrió cambios importantes ya que hubo sustituciones en ciertas materias primas, estaño y caucho, por ejemplo, y el consumo de alimentos creció, en términos relativos, con mucha lentitud (ley de Engel); aparecieron nuevos competidores en el mercado mundial —Estados Unidos con grandes stocks de cereales, los países africanos con una participación creciente en la producción de café del tipo «robusta», de gran uso en las industrias de café soluble, etc.

Desde 1945 hasta hoy, la situación del conjunto de América latina puede resumirse en pocas frases: comportamiento mediocre de las exportaciones (salvo cortos y localizados episodios) y presiones cada vez más fuertes por el lado de las importaciones.[40]

¿Cuál ha sido la participación relativa del conjunto de América latina en el comercio mundial? En los últimos cien años ha oscilado entre el 5 y el 9 % del valor de los intercambios mundiales.[41] En 1913 la proporción fue de 7,5 %; en ese año Europa

39. Cf. entre una bibliografía muy copiosa, Joan Robinson, *Libertad y Necesidad,* trad. F. González Aramburu, Siglo XXI, México, 1970, pp. 101-115; Paul Baran y Paul Sweezy, *El capital monopolista,* trad. A Chávez de Yáñez, Siglo XXI, México, 1968.
40. Cf. Celso Furtado, *op. cit.,* cap. XIX; Keith B. Griffin, *Subdesarrollo en Hispanoamérica,* trad. Alicia Calabuig, Amorrortu, Buenos Aires, 1972, pp. 86-118.
41. Cf. Kuznets, *Crecimiento económico...,* *op. cit.,* cuadro 6-3, para éstos y otros datos al respecto.

CAPITALISMO Y MERCADO MUNDIAL

occidental, los Estados Unidos y Canadá participaban con el 64,7 % del comercio mundial. La situación había cambiado muy poco en 1958: América latina alcanzaba entonces un 9 % y el grupo de países recién mencionados un 59,1 %. En 1970, la proporción de América latina fue de 5,7 %. En resumen, se trata de una participación relativamente baja y constante a largo plazo.

Nos ocuparemos ahora de la orientación geográfica del comercio latinoamericano. El análisis debe efectuarse según dos perspectivas complementarias: a) la de cada país de América latina (en este caso se examinará la participación relativa de los principales compradores y vendedores en el total del comercio de cada nación); b) la del conjunto del comercio de América latina con los principales países desarrollados (en este caso hemos limitado el estudio a Gran Bretaña y los Estados Unidos).

Los resultados del primer tipo de análisis se presentan gráficamente en los gráficos 2, 3, 4, 5 y 6, que corresponden, respectivamente, a los años 1913, 1929, 1938, 1950 y 1972. Los años seleccionados permiten comparar la situación en las vísperas de la primera guerra mundial y la crisis de 1929, el final de la depresión de los treinta y la postguerra, y el año anterior a la crisis de 1973. Se definieron tres regiones básicas en cuanto al origen de las importaciones y el destino de las exportaciones: los Estados Unidos, Europa occidental[42] y otros países. La información así organizada y calculados los porcentajes de participación en cada país de América latina, se representó en gráficos triangulares, particularmente adecuados cuando se trata de datos de una variable (en este caso exportaciones e importaciones) que se compone de tres dimensiones que suman un número fijo (en este caso cien).[43] En el interior de cada triángulo se demarcaron

42. En 1913, 1929, 1938 y 1950 comprende: Reino Unido, Francia, Bélgica, Holanda, Suecia, Italia y Alemania (Alemania Federal en 1950). En 1972 la Comunidad Económica Europea y el Reino Unido.
43. Los vértices del triángulo indican el máximo posible en cada una de las tres dimensiones. Los porcentajes se leen trazando paralelas al lado opuesto a cada vértice. Así, por ejemplo, los valores correspondientes a Estados Unidos, representados en el lado izquierdo del triángulo, se leen mediante paralelas a la base; con los valores referidos a Europa occidental se hace lo propio mediante paralelas al lado izquierdo del triángulo. Sobre los

zonas de más y menos del 50 % para cada una de las tres regiones. Esto significa que los países que caen en el triángulo superior exportan o importan más del 50 % de sus productos hacia o desde los Estados Unidos; los que caen en el de la derecha hacen lo propio con Europa occidental; los que caen en el de la izquierda comercian principalmente con otros países. El triángulo central demarca una zona intermedia, en la cual la participación de las tres regiones es inferior al 50 %. Estos cuatro campos permiten pues definir cuatro zonas geográficas en la orientación de las importaciones y las exportaciones.

La orientación geográfica de las exportaciones se modificó considerablemente a lo largo del siglo xx. La posición dominante de Europa occidental fue decreciendo gradualmente, al punto de que en 1950 sólo quedaba un país que vendía más del 50 % de sus exportaciones en esos mercados. La posición norteamericana fue absolutamente dominante en todos los años considerados, en los casos de México, el Caribe y Honduras. Entre 1929 y 1950 nuevos países ingresan como fuertes exportadores al mercado norteamericano (véanse los gráficos correspondientes a 1938 y 1950). Pero para 1972 se vuelve a una situación parecida a la de 1913. La exportación hacia «otros países» sólo es significativa para el Paraguay, condicionado por su situación mediterránea, en los cuatro primeros años que estamos considerando. En 1972 han ingresado a estos «terceros mercados» Cuba, Nicaragua, El Salvador y Uruguay. En este último año se observa también que la mayoría de los países (12 en total) se sitúan en el triángulo central del gráfico de exportaciones. Este hecho refleja la importancia creciente de mercados «no tradicionales», el Japón, el bloque socialista, y el incremento notorio del comercio interregional (Asociación Latinoamericana de Libre Comercio, ALALC, Mercado Común Centroamericano, Mercomún, etc.).

Los gráficos correspondientes a las importaciones nos permiten constatar el descenso notorio de los países de Europa occidental, que sólo ocupan una posición significativamente impor-

gráficos triangulares cf. Jacques Bertin, *Sémiologie Graphique,* Gauthier-Villars, París, 1973², pp. 114-115, 232-233 y 265.

GRÁFICO 2

Orientación geográfica del comercio exterior de
América latina en 1913

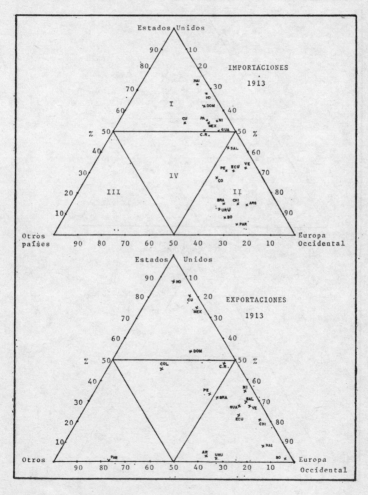

GRÁFICO 3

*Orientación geográfica del comercio exterior de
América latina en 1929*

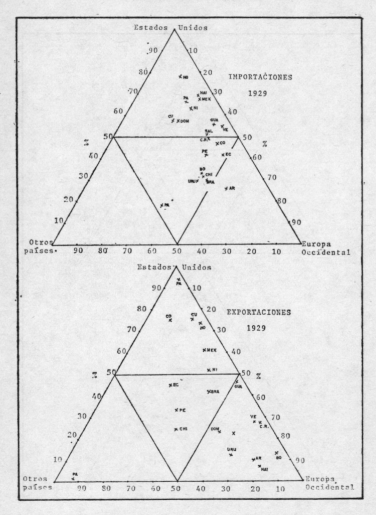

FUENTE: *The Foreign Trade..., op. cit.*

GRÁFICO 4

*Orientación geográfica del comercio exterior de
América latina en 1938*

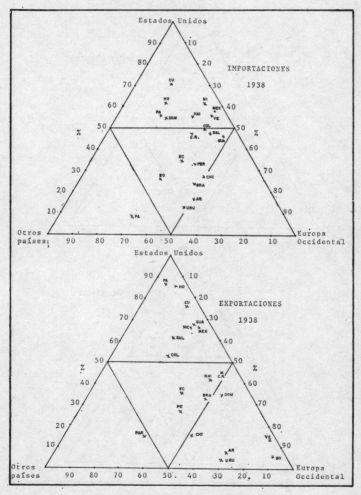

GRÁFICO 5

Orientación geográfica del comercio exterior de América latina en 1950

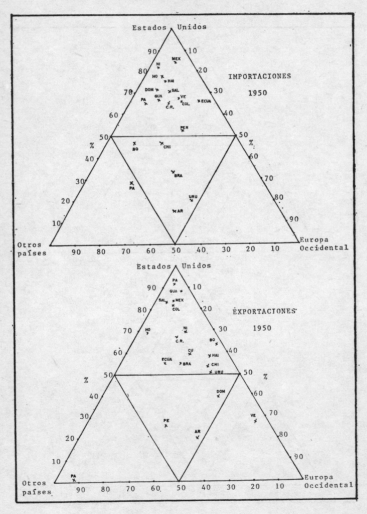

FUENTE: *The Foreign Trade..., op. cit.*

GRÁFICO 6

*Orientación geográfica del comercio exterior de
América latina en 1972*

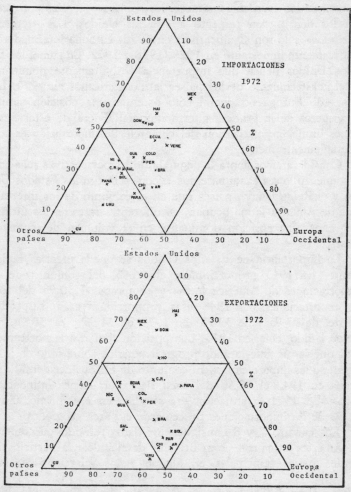

FUENTE: *Statistical Abstract of Latin America, 1972,* University of California.

tante en 1913. Los Estados Unidos gozan, ya en 1929, de una
posición dominante, y se observa una situación similar en 1950.
Antes de la depresión de los treinta la vigencia del patrón oro
permitía un sistema multilateral de pagos, por el cual era fácil
compensar los excedentes comerciales con las potencias europeas,
con los déficits con respecto a Estados Unidos. Los «terceros
mercados» sólo son significativos en 1972. La zona intermedia es
relativamente importante en 1929, 1938 y 1972. En suma, los Estados Unidos tienen una importancia absolutamente dominante
en el abastecimiento de los países latinoamericanos en 1950. Los
países de Europa occidental sólo ostentan una posición similar
en vísperas de la primera guerra mundial. Fuera de estas situaciones límite la polarización del comercio de importación es considerablemente menor.

Consideraremos ahora la segunda de las perspectivas señaladas
al comienzo, o sea examinaremos el comercio con los Estados Unidos y el Reino Unido, países que en el conjunto de los intercambios de América latina ocupan, en diferentes fases de los últimos
cien años, una posición dominante en el volumen del comercio
total.

La importancia de Estados Unidos se puede precisar rápidamente. En 1913 proporcionaba el 26 % del conjunto de las
importaciones de América latina y compraba el 30 % del total
de exportaciones; en 1948 esas proporciones eran, respectivamente, de 53 % y de 39 %; en 1970 de 34 % y de 30 %.[44] El
Reino Unido tenía, en 1913, una posición similar a la norteamericana que se fue deteriorando progresivamente, sobre todo en lo referente a las importaciones. El conjunto de Europa occidental compraba en 1948 el 28 % del total de exportaciones latinoamericanas. En 1971 la situación era similar; en ese mismo año el
21 % de las importaciones procedía de esa área geográfica.

Los cuadros 7 y 8 consignan los datos referidos al comercio
de América latina con Gran Bretaña, detallándose la participación
de los países principales en algunos años seleccionados entre

44. Datos de *The Foreign Trade of Latin America since 1913,* Washington, Pan American Union, 1952, pp. 8-9 y *Statistical Abstract of Latin
America, 1972,* University of California, 1973.

1855 y 1948. Brasil en la segunda mitad del siglo XIX, y la Argentina desde la década de 1890, ocupan un papel absolutamente dominante tanto en el comercio de importación como de exportación. Si consideramos, además, los casos de Chile, Uruguay y Perú, comprobamos que esas cinco naciones absorbían, en todos los años, alrededor del 70 % del comercio del Reino Unido con América latina. La Argentina, cuyas exportaciones e importaciones ocupaban en 1913 el primer lugar en el conjunto latinoamericano permitió, por la intensidad de su vinculación económica con Gran Bretaña (ver cuadro 11, columnas 3, 7 y 8), que esta potencia siguiera desempeñando un papel de primera importancia en la economía de América latina hasta la depresión de 1929.[45]

Los cuadros 9 y 10 presentan datos similares sobre el comercio de América latina con los Estados Unidos. Como en el caso británico se observa una concentración en pocos países: el comercio con México, Cuba, Colombia, Venezuela, Brasil y Argentina representa casi siempre alrededor del 70 % de los intercambios totales con América latina. Pero no existe, en cambio, un país que ocupe un lugar tan importante en las relaciones económicas como Argentina con respecto al Reino Unido. México, Cuba y Brasil comparten, en casi todos los años considerados, las proporciones más importantes (ver también cuadro 11, columna 4).

¿Qué razones orientan estos privilegiados vínculos comerciales y financieros? Sería simplista buscar un único factor explicativo. El carácter complementario de los mercados de importación y de exportación —el primero que acude a la mente—, sólo se entiende adecuadamente incluyendo un complejo juego de elementos políticos y de intereses económicos en pugna, que para potencias como Estados Unidos y el Reino Unido incluyen una dimensión de alcance mundial. El interés británico en los cereales y los productos ganaderos de la región pampeana constituye, a fines del siglo XIX, el largo resultado de una vinculación política y comercial ya secular;[46] la importancia menor de los países

45. Cf. cap. final de D. C. M. Platt, *op. cit.*
46. Cf. H. S. Ferns, *Gran Bretaña y Argentina en el siglo XIX*, trad. A. Bixio, Solar/Hachette, Buenos Aires, 1968.

CUADRO 7

*Exportaciones de ·América latina hacia el Reino Unido:
principales países exportadores (millones de libras y porcentajes)
(1855-1948)*

	1855	1872	1881	1895	1913	1929	1938	1948
Argentina .	1,1	1,9	0,6	9,1	42,5	60,1	27,4	120,9
	9 %	6 %	3 %	45 %	56 %	54 %	44 %	56 %
Brasil . .	2,3	9,5	6,3	3,6	10,0	6,1	5,3	27,5
	18 %	30 %	35 %	18 %	13 %	5 %	9 %	13 %
Chile . .	1,9	5,6	2,7	3,4	5,4	7,7	6,3	6,4
	15 %	18 %	15 %	17 %	7 %	7 %	10 %	3 %
Uruguay .	0,4	1,4	0,5	0,5	2,7	4,3	3,3	8,1
	3 %	4 %	3 %	2 %	4 %	4 %	5 %	4 %
Perú . . .	3,1	4,2	2,2	1,4	3,2	5,1	3,1	6,5
	25 %	13 %	12 %	7 %	4 %	5 %	5 %	3 %
Otros . .	3,7	9,4	5,7	2,3	12,5	27,7	16,3	47,1
	30 %	29 %	32 %	11 %	16 %	25 %	26 %	22 %
TOTAL .	12,5	32,0	18,0	20,3	76,3	111,0	61,7	216,5
	100 %	100 %	100 %	100 %	100 %	100 %	100 %	100 %

FUENTES:

a) 1855-1913. — D. C. M. Platt: *Latin America and British Trade, 1806-1914*, Adam y Charles Black, Londres, 1972, pp. 316-323. (Datos del *U. K. Trade and Navigations Account*.)

b) 1929-1948. — *The Foreign Trade of Latin America since 1913*. Pan American Union, Division of Economic Research, Washington, 1952, pp. 37-50. (Datos de las estadísticas oficiales de cada país.)

latinoamericanos exportadores de productos tropicales se comprende en un contexto imperial que incluye amplias zonas productoras de azúcar, caucho, té, etc. La distancia y las técnicas de conservación de carne enfriada (*chilled beef*) jugarán, durante mucho tiempo, en contra de Australia y Nueva Zelanda, favoreciendo a la Argentina.

La rivalidad entre Estados Unidos y Gran Bretaña por América latina, a lo largo del siglo XIX, comienza con un preludio de enfrentamiento comercial que, entre 1810 y 1830, favorece a los británicos.[47] La expansión norteamericana se concentró en los

CUADRO 8

Importaciones de América latina procedentes del Reino Unido: principales países importadores (millones de libras y porcentajes, 1855-1948)

	1855	1872	1881	1895	1913	1929	1938	1948
Argentina .	0,7	3,9	3,3	5,4	22,6	29,8	17,6	43,2
	7 %	14 %	15 %	22 %	41 %	40 %	48 %	38 %
Brasil . .	3,3	7,5	6,7	7,3	12,5	16,5	6,3	28,4
	33 %	26 %	31 %	30 %	23 %	22 %	17 %	25 %
Chile . .	1,3	3,1	2,5	3,2	6,0	7,2	2,1	4,4
	13 %	11 %	11 %	13 %	11 %	10 %	6 %	4 %
Uruguay .	0,3	1,8	1,4	1,3	2,9	3,1	2,6	6,0
	3 %	6 %	6 %	5 %	5 %	4 %	7 %	5 %
Perú . . .	1,3	2,9	0,8	0,7	1,5	2,3	1,2	2,9
	13 %	10 %	4 %	3 %	3 %	3 %	3 %	3 %
Otros . .	3,2	9,2	7,2	6,3	9,9	15,6	7,1	29,6
	32 %	32 %	33 %	26 %	18 %	21 %	19 %	26 %
TOTAL .	10,1	28,4	21,9	24,2	55,4	74,5	36,9	114,5
	100 %	100 %	100 %	100 %	100 %	100 %	100 %	100 %

FUENTES:

a) 1855-1913. — D. C. M. Platt: *Latin America and British Trade, 1806-1914,* Adam y Charles Black, Londres, 1972, pp. 316-323. (Datos del *U. K. Trade and Navigations Account.*)

b) 1929-1948. — *The Foreign Trade of Latin America since 1913.* Pan American Union, Division of Economic Research, Washington, 1952, pp. 37-50. (Datos de las estadísticas oficiales de cada país.)

47. Cf. J. Fred Rippy, *La rivalidad entre Estados Unidos y Gran Bretaña por América latina (1808-1830),* trad. G. y A. Pla, Eudeba, Buenos Aires, 1967.

CUADRO 9

Exportaciones de América latina hacia Estados Unidos: principales países exportadores (1855-1970)
(millones de dólares y porcentajes)

	1855	1872	1881	1895	1913	1929	1938	1948	1970
México	1,0 / 2 %	4,0 / 3 %	8,0 / 5 %	16,0 / 8 %	111,3 / 24 %	172,8 / 17 %	124,9 / 23 %	413,0 / 16 %	834,0 / 19 %
Cuba	18,0 / 33 %	67,0 / 43 %	63,0 / 36 %	53,0 / 25 %	131,2 / 28 %	208,8 / 21 %	108,4 / 20 %	366,4 / 14 %	—
Colombia	1,1 / 2 %	4,7 / 3 %	5,4 / 3 %	2,6 / 1 %	14,7 / 3 %	92,1 / 9 %	42,6 / 8 %	239,1 / 9 %	233,0 / 5 %
Venezuela	a	a	a	a	8,3 / 2 %	42,3 / 4 %	37,1 / 7 %	295,9 / 12 %	1109,0 / 25 %
Brasil	15,0 / 27 %	30,0 / 19 %	53,0 / 30 %	79,0 / 38 %	101,8 / 22 %	192,5 / 19 %	101,4 / 19 %	507,5 / 20 %	676,0 / 15 %
Argentina	a	a	5,8 / 3 %	7,8 / 4 %	24,2 / 5 %	89,0 / 9 %	34,6 / 6 %	160,0 / 6 %	156,0 / 3 %
Otros países	35,0 / 64 %	54,0 / 35 %	42,0 / 24 %	51,0 / 24 %	75,5 / 16 %	208,7 / 21 %	92,8 / 17 %	583,6 / 23 %	1481,0 / 33 %
TOTAL	55,0 / 100 %	155,0 / 100 %	177,0 / 100 %	209,0 / 100 %	471,9 / 100 %	994,0 / 100 %	545,7 / 100 %	2537,3 / 100 %	4488,0 / 100 %

(a) Incluido en otros.

FUENTES: a) 1855-1895. — Historical Statistics of United States, Washington, 1960.
b) 1913-1948. — The Foreign Trade..., op. cit. c) 1970. — América en cifras, 1972, Washington, Unión Paramericana.

CUADRO 10

Importaciones de América latina procedentes de Estados Unidos: principales países importadores (1855-1970) (millones de dólares y porcentajes)

	1855	1872	1881	1895	1913	1929	1938	1948	1970
México	3,0	6,0	11,0	15,0	48,9	127,2	63,0	527,4	1566,0
	9 %	10 %	18 %	17 %	14 %	14 %	13 %	17 %	30 %
Cuba	8,0	14,0	11,0	13,0	75,3	127,1	75,2	420,3	—
	24 %	23 %	18 %	14 %	21 %	14 %	15 %	14 %	
Colombia . . .	1,8	6,6	6,0	3,7	7,4	56,0	44,4	230,6	312,0
	5 %	11 %	10 %	4 %	2 %	6 %	9 %	7 %	6 %
Venezuela . . .	a	a	a	a	25,5	48,2	54,9	653,7	802,0
					7 %	5 %	11 %	21 %	15 %
Brasil	4,0	6,0	9,0	15,0	50,9	125,6	71,5	587,7	918,0
	12 %	10 %	15 %	17 %	14 %	13 %	14 %	19 %	17 %
Argentina . . .	a	a	1,9	4,9	71,8	216,1	74,6	51,4	419,0
			3 %	5 %	20 %	23 %	15 %	2 %	8 %
Otros países . .	17,0	34,0	30,0	46,0	78,4	232,8	114,5	621,6	1248,0
	50 %	57 %	56 %	51 %	22 %	25 %	23 %	20 %	24 %
TOTAL . . .	34,0	60,0	70,0	90,0	356,6	931,3	497,9	3107,9	5265,0
	100 %	100 %	100 %	100 %	100 %	100 %	100 %	100 %	100 %

(a) Incluido en otros.

FUENTES: *a*) 1855-1895. — *Historical Statistics of United States*, Washington, 1960.
b) 1913-1948. — *The Foreign Trade...*, *op. cit.* *c*) 1970. — *América en cifras*, 1972, Washington, Unión Paramericana.

territorios del oeste entre 1803 (compra de la Luisiana) y 1848 (fin de la guerra con México), y en las décadas siguientes se orientó a controlar el Caribe y a adquirir posesiones estratégicas en el Pacífico: Alaska y Hawai.[48] El avance de los intereses norteamericanos al sur del Río Grande coincidió con un retiro progresivo de Gran Bretaña, notorio después de 1850. Para esa época la balanza de los intereses imperiales se desplazaba cada vez más del Atlántico hacia el Índico, por lo cual el Pacífico sur (Australia y Nueva Zelanda) y el Atlántico septentrional (Argentina, Islas Malvinas, África del sur) adquirieron no sólo importancia económica sino también estratégica.[49] Dejar las manos libres a los Estados Unidos fue, en el caso de América latina, una opción basada en la idea de que la vigilancia norteamericana aseguraría la paz y la estabilidad de la región, lo cual estaría lejos de perjudicar los intereses comerciales británicos.[50] El retiro de la flota inglesa del Caribe en 1898 y el tratado Hay-Paucenfote en 1901, que permite a Estados Unidos la construcción y el control unilateral de una vía interoceánica, constituyen el último *round* de un enfrentamiento que se troca, cada vez más, en alianza estrecha.

México, Centroamérica y el Caribe constituyen, para Estados Unidos, las zonas privilegiadas de expansión. Confluyen tres gamas de intereses: comerciales, estratégicos y de los inversionistas (ver cuadro 11, columna 4). De la guerra con España (1898-1899) a la primera guerra mundial, el Caribe se convierte en *Mare Nostrum* de la Marina norteamericana. Las dificultades con México o con Nicaragua constituyen episodios sin mucha trascendencia;[51] sólo la Revolución cubana en 1958 alterará esa dominación exclusiva.

48. Para un resumen de la estrategia imperialista en esta época, cf. Claude Fohlen, *L'Amérique Anglo-saxone de 1815 a nos jours* (Col. «N. Clio»), Presses Universitaires de France, París, 1965, pp. 118-119 (hay trad. cast., Labor, Barcelona).

49. *Historia económica del Mundo Moderno,* Universidad de Cambridge, *op. cit.,* X, pp. 256-257.

50. Cf. J. Fred Rippy, *op. cit.*; del mismo autor, *Latin America in World Affairs,* Nueva York, 1928, caps. VI y VII (para el período posterior a 1830).

51. Un resumen de éste y los aspectos que siguen se encuentran en J. Lloyd Mechan, *A survey of United States - Latin America Relations,* Houghton Mifflin, Co., Boston, 1965.

En América del sur, Brasil era la nación con vínculos más estrechos: comerciales en cuanto al importante consumo de café en el mercado norteamericano; financieros dada la activa participación de los capitales norteamericanos en el proceso de «valoración» del café.[52] Las inversiones directas, masivas en México y América central ya a fines del siglo xix, se orientaron, en el sur, hacia el sector minero (Perú, Bolivia, Chile), la agricultura de plantación (Perú, Ecuador) y más tarde el petróleo (Venezuela). Del proceso de penetración de los capitales norteamericanos[53] puede decirse que fue lento pero sin pausa hasta los años que siguen a la segunda guerra mundial. Otra vez, el triunfo del tío Sam coincidió con la retirada final de Gran Bretaña. Acotemos, para concluir, que la rivalidad británica, después de la primera guerra mundial, no se limitó al mercado de capitales. Las líneas navieras siguieron compitiendo,[54] y la exploración y posterior explotación de los campos petroleros dio ocasión, otra vez, a roces y exasperaciones.[55] Pero, en este último caso, se trató más que nada de conflictos entre grandes corporaciones.

Después de 1945, las relaciones entre Estados Unidos y América latina se plantean en un complejo campo de fuerzas que incluye: a) los intereses políticos y militares de la guerra fría (con su secuela de diversos grados de intervencionismo en los casos de regímenes poco leales o escasamente confiables); b) la garantía de las inversiones privadas y los vínculos comerciales; c) el crédito gubernamental, a través de dos mecanismos, la asistencia militar y la acción financiera por medio de agencias (AID) o bancos con fuerte participación de los Estados Unidos (BID, BM, etc.). Desde la administración Kennedy, el tercer elemento, unido a planes

52. Cf. infra, nota 82.
53. Cf. Martin D. Bernstein (ed.), *Foreign Investment in Latin America*, Knopf, Nueva York, 1966; Naciones Unidas, *Las inversiones extranjeras en América Latina*, Nueva York, 1955.
54. Cf. Robert G. Albion, «Movimiento de capital y transporte. El transporte marítimo británico y América latina, 1806-1914», en *The Journal of Economic History*, vol. XI, 1951. Sobre el café brasileño y la vinculación con Estados Unidos, cf. J. Lloyd Mechan, *op. cit.*, pp. 432-458.
55. Cf. Arturo Frondizi, *Petróleo y Política*. Contribución al estudio de la historia económica argentina y de las relaciones entre el imperialismo y la vida política nacional, Editorial Raigal, Buenos Aires, 1955².

CUADRO 11

Indicadores del grado de integración al mercado mundial de los países latinoamericanos en 1913

	(1) Población 1900	(2) Exportaciones 1913	(3) Inversiones británicas 1913	(4) Inversiones norteamericanas 1913	(5) Kilómetros ferrocarril 1919-1922	(6) Producto principal Exp. 1913	(7) Export. % 1913	(8) Import. % 1913
Argentina . .	4,7	510,3	1.717	40	35,3	46 %	32,1	33,6
Bolivia . .	1,7	36,5	2	10	2,3	79 %	2,3	1,5
Brasil . .	17,3	315,7	1.075	50	28,8	63 %	19,9	22,3
Chile . .	2,9	142,8	307	15	8,2	86 %	9,0	8,3
Colombia . .	3,5	33,2	32	2	1,5	61 %	2,1	1,9
Costa Rica . .	0,3	10,5	32	7	0,7	51 %	0,7	0,6
Cuba . .	1,6	164,6	213	220	4,9	69 %	10,4	9,6
R. Dominicana .	0,7	10,5	—	4	0,7	39 %	0,7	0,6
Ecuador . .	1,4	15,8	13	10	0,7	64 %	1,0	0,6
El Salvador . .	0,9	9,3	11	3	0,4	80 %	0,6	0,4
Guatemala . .	1,4	14,5	50	20	0,8	85 %	0,9	0,7
Haití . .	1,3	11,3	—	4	0,2	66 %	0,7	0,6
Honduras . .	0,4	3,2	15	3	0,9	30 %	0,2	0,4
México . .	13,6	148,0	763	800	26,5	29 %	9,3	6,2
Nicaragua . .	0,4	7,7	6	3	0,3	65 %	0,5	0,4
Panamá . .	0,3	5,1	—	5	0,5	54 %	0,3	0,8

	(1)	(2)	(3)	(4)	(5)	(6)	(7)	(8)
Paraguay	0,4	5,5	14	3	0,5	21 %	0,3	0,5
Perú	3,8	43,6	123	35	3,2	29 %	2,7	2,0
Uruguay	0,9	71,8	221	5	2,7	45 %	4,5	3,6
Venezuela	2,3	28,3	38	3	1,0	60 %	1,8	5,4
TOTAL	61,0	1.588,2	4.632	1.242		100,0	100,0	100,0

FUENTES:

(1) Población en 1900, en millones de habitantes.
Nicolás Sánchez Albornoz, *La Población de América latina*, Alianza Editorial, Madrid, 1973, p. 192.

(2) Exportaciones, en millones de dólares
The Foreign Trade of Latin America, since 1913, Pan American Union, Washington, 1952, p. 26.

(3) Inversiones británicas totales, en millones de dólares (1 £ = 4,86 dólares).
J. F. Rippy, *British Investments in Latin America, 1822*, 1949, University of Minnesota Press, 1959.

(4) Inversiones norteamericanas totales, en millones de dólares.
Max Winkler, *Investments of United States Capital in Latin America*, World Peace Foundation, Boston, 1929, pp. 275-278.

(5) Ferrocarriles, en miles de kilómetros.
J. C. Russell Smith, *Commerce and Industry*, H. Holt, Nueva York, 1925[3], p. 728.

(6) Porcentaje del principal producto (o grupo de productos similares) exportado en el total de exportaciones.
P. Lamartine Yates, *Forty Years of Foreign Trade*, Allen and Unwin, Londres, 1959, pp. 241-247.

(7) Porcentaje de cada país en el total de exportaciones de América latina, calculado según la columna 2.

(8) Porcentaje de cada país en el total de las importaciones de América latina, la misma fuente de la columna 2.

de moderadas reformas internas, cobra nueva importancia, sin
que esto signifique que los puntos señalados bajo *a* y *b* desaparezcan
o sean secundarios en la perspectiva del Departamento de
Estado.

3. EL GRADO DE INTEGRACIÓN AL MERCADO MUNDIAL;
   BALANCE DE LA SITUACIÓN DE AMÉRICA LATINA EN 1913

Una vez expuestos los componentes básicos y las vinculaciones
fundamentales cabe intentar un balance, en algún punto del largo
recorrido de los países latinoamericanos, que nos permita una
apreciación de conjunto en cuanto al impacto de la integración
al mercado mundial. Hemos elegido efectuar esas comparaciones
en vísperas de la primera guerra mundial porque el auge prolongado
del comercio mundial que culmina en 1913, proporciona un
ambiente de evaluación relativamente homogéneo.

El cuadro 11 presenta ocho indicadores referidos a cada uno
de los países de América latina. El valor de las exportaciones, las
inversiones británicas y norteamericanas, y la construcción ferroviaria
proporcionan información que sirve para medir el impacto
absoluto de las transformaciones internas (columnas 2, 3, 4 y 5)
en cada caso. Esos mismos indicadores calculados en proporciones
per capita (es decir, con respecto a la columna 1) y los porcentajes
de cada país en las exportaciones e importaciones del subcontinente
(columnas 7 y 8) permiten hacerse una idea del impacto
interno *relativo* de los cambios mencionados. Se agrega un indicador
(columna 6) en cuanto al reducido número de productos
que entran en la composición de las exportaciones.

Tanto el agrupamiento de esos indicadores en un índice, cuanto
la atribución de un orden entre los países, según el puntaje alcanzado
en cada indicador, implican cierta dosis de arbitrariedad. Pero
no hay otro camino si se desea obtener una visión comparativa
derivada de varios criterios considerados simultáneamente. El procedimiento
adoptado [56] consistió, para la medida del impacto

56. Cf. David M. Smith, *Patterns in Human Geography,* Penguin Books,

absoluto de la integración al mercado mundial, en la suma simple
de los puntajes normalizados de las columnas 2, 3, 4 y 5, del cuadro 11, bajo el supuesto de que los tres criterios: exportaciones,
inversiones extranjeras y ferrocarriles construidos, son directamente proporcionales al mayor o menor grado de vinculación al
mercado mundial. Los puntajes para cada país y un agrupamiento
de ellos en cuatro niveles de integración, se indican en el mapa 9.
Argentina, México, Brasil y Cuba resultan ser los países con mayor
vinculación; Chile, Perú, Uruguay y Venezuela representan un
grado promedio, considerando el conjunto de América latina; el
resto están por debajo de esa situación, aunque las distancias son
menores que entre los países más vinculados al mercado mundial.

En el mapa 10 se representan los resultados del mismo índice
pero considerando valores *per capita*. En este caso, se trata de
medir el impacto de la integración en términos relativos, lo cual
da una idea somera del grado en que las transformaciones afectaron al conjunto del país. El grupo I se ha modificado en su
composición, ya que Uruguay, Chile y Costa Rica han ingresado a
él; México y Brasil pasan a representar el promedio latinoamericano; los demás países quedan por debajo y se vuelve a observar
que las diferencias en los puntajes son menores que en el grupo I.
Es más, en este último la diferencia entre Argentina, el país más
integrado tanto en términos relativos como absolutos, se ha
incrementado con respecto al país que le sigue en la escala de
gradación.

Harmondsworth, 1977, pp. 138-174; la «normalización» consiste en trans-
formar los valores originales en puntajes Z.

$$Z_i = \frac{X_i - \overline{X}}{S_i};$$

donde:

X_i: cada valor original
$\overline{X}$:   media aritmética de todos los valores de X
S_i: desvío estándar de los valores de X

MAPA 9

*América latina en 1913: el grado de integración al mercado mundial
(en términos absolutos)*

muy alto
Argentina Cuba
México Brasil

alto
Uruguay Chile
Perú Venezuela

medio
Bolivia Colombia
Guatemala Ecuador
R.Dominicana

bajo
C.Rica Panamá
Honduras Haití
Nicaragua Paraguay
El Salvador

FUENTE: Datos del cuadro 11.

Mapa 10

América latina en 1913: el grado de integración al mercado mundial
(en proporciones per capita)

muy alto
Argentina Cuba
Uruguay Chile
Costa Rica

alto
México
Brasil

medio
Honduras Panamá
Paraguay Bolivia

bajo
Nicaragua Guatemala
R.Dominicana Haití
Venezuela Colombia
Ecuador Perú

Fuente: Datos del cuadro 11.

4. NATURALEZA Y EVOLUCIÓN DEL MERCADO MUNDIAL
   DE BIENES PRIMARIOS

La concentración [57]

¿Cuáles son las características básicas del mercado mundial capitalista? Una enumeración rápida no puede dejar de incluir: *a*) intercambios masivos, con un incremento permanente en el volumen y en la variedad de los productos objetos de comercio; *b*) el cambio permanente en la naturaleza de los productos, que se deriva del progreso tecnológico continuo, inherente al desarrollo industrial; *c*) transformaciones continuas en los sistemas de transporte y de almacenamiento y en las formas de pago en el campo financiero. Como se mostró en las páginas anteriores, la expansión mundial del capitalismo se basó en un flujo internacional de mercancías, capitales y personas que se distribuyó muy desigualmente en las áreas periféricas. La especialización de amplias regiones en la producción y exportación de bienes primarios permitió, en todos los casos, una integración muy rápida al mercado mundial. Pero un análisis en perspectiva revela que ese proceso ocurrió en una coyuntura internacional muy especial, que se modificó sustancialmente después de 1914, y que la producción para la exportación fue casi siempre incapaz de asegurar un incremento de la productividad a largo plazo.

Las características señaladas en cuanto a la naturaleza del mercado mundial capitalista y de la división internacional del trabajo nos permiten entender un aspecto básico del comercio de bienes primarios: la *concentración*.

Por diferentes razones, la oferta de estos productos está concentrada geográficamente. Existen en primer lugar factores de tipo ambiental: clima, suelos, precipitaciones, etc.; aunque el avance de las técnicas permite una independencia cada vez mayor con respecto a las restricciones que impone el medio natural y las

57. Sobre el concepto y las medidas relativas a la concentración económica, cf. M. A. Uton, *Industrial Concentration,* Penguin Books, Harmondsworth, 1970, pp. 34-50.

posibilidades de modificación son cada vez más importantes (sistemas de drenaje, procesos de deforestación y reforestación, riego artificial, etc.), existe siempre un límite geográfico definido, simultáneamente, por el estado de la tecnología y por la rentabilidad económica del cultivo. Lo dicho se aplica también al caso de los minerales aunque la dependencia del medio natural sea probablemente mayor.

En segundo lugar, hay factores históricos que permiten explicar la posibilidad de un excedente agrícola exportable en una sociedad y una época dadas. Así, por ejemplo, la exportación de trigo al mercado mundial por la India británica no sólo se explica en función del medio ambiente y la evolución de las fuerzas productivas, aunque es obvio que de ellos depende la posibilidad misma de un excedente comercializable. La fiscalidad colonial creó mecanismos que incentivaron a los campesinos a preferir el trigo en detrimento de otros cultivos básicos; fue entonces el sistema de dominación lo que finalmente generó ese excedente agrícola canalizado al mercado mundial.[58]

La geografía de las exportaciones de bienes primarios, ilustrada para algunos productos por los mapas 11, 12, 13, 14 y 15 permite hacerse una idea rápida de la distribución desigual y de su derivado inmediato, la concentración del abastecimiento del mercado mundial en manos de unos pocos países productores. Los mapas permiten también apreciar la tendencia de larga duración en esa distribución desigual, al comparar la situación en 1913 con la de 1953.

En el caso del café (mapa 11), el peso aplastante del Brasil disminuye frente a los avances de Colombia, Centroamérica, México y los países africanos, pero sigue siendo decisivo (el 46 % del total mundial en 1953). El cacao (mapa 12) se concentra notoriamente en esos cuarenta años. Los productores latinoamericanos (Ecuador y Brasil) son desplazados por los africanos y la cuota de los países productores menos importantes cae verticalmente

58. Lo mismo sucedió con otros cultivos de exportación como el algodón, el yute y el añil. Cf. V. B. Singh (ed.), *Economic History of India, 1857-1956*, Allied Publishers, Nueva York, 1965; Percival Spear, *India, A Modern History*, University of Michigan Press, Ann Arbor, 1961, pp. 277-288.

MAPA 11

Exportaciones mundiales de café en 1913 y 1953

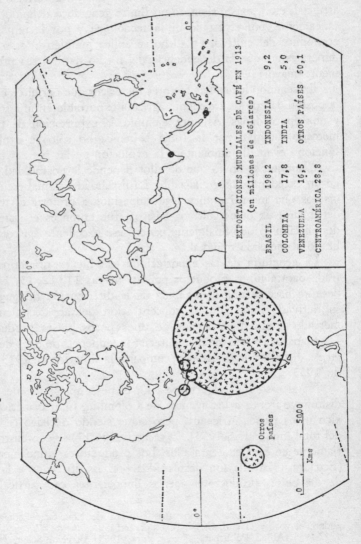

EXPORTACIONES MUNDIALES DE CAFÉ EN 1913
(en millones de dólares)

BRASIL	198,2	INDONESIA	9,2
COLOMBIA	17,8	INDIA	5,0
VENEZUELA	16,5	OTROS PAÍSES	50,1
CENTROAMÉRICA	28,8		

Otros
países

0 _____ 5.000
Kms

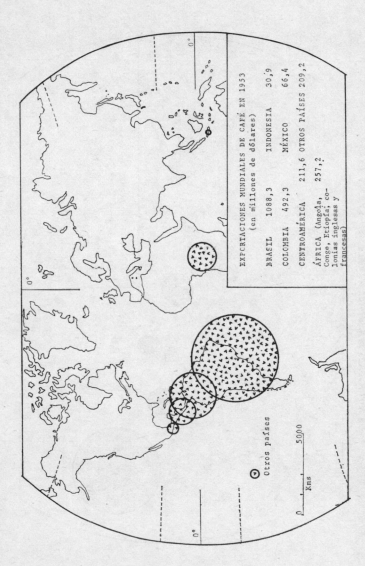

EXPORTACIONES MUNDIALES DE CAFÉ EN 1953
(en millones de dólares)

BRASIL   1088,3   INDONESIA   30,9
COLOMBIA   492,3   MÉXICO   66,4
CENTROAMÉRICA 211,6 OTROS PAÍSES 209,2

ÁFRICA (Angola,   257,2
Congo, Etiopía; co-
lonias inglesas y
francesas)

Otros países

0   5000
Kms

FUENTE: P. Lamartine Yates, *op. cit.*, en el cuadro 11.

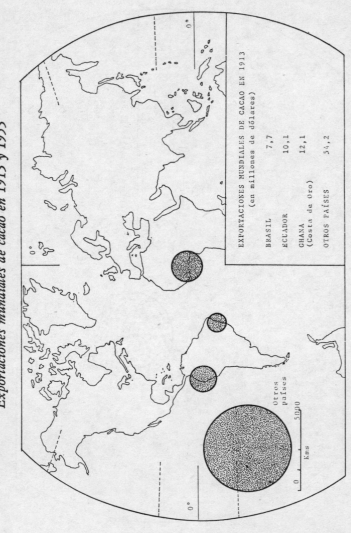

MAPA 12

Exportaciones mundiales de cacao en 1913 y 1953

EXPORTACIONES MUNDIALES DE CACAO EN 1913
(en millones de dólares)

BRASIL   7,7

ECUADOR   10,1

GHANA   12,1
(Costa de Oro)

OTROS PAÍSES   54,2

Otros
países

0   500   Kms

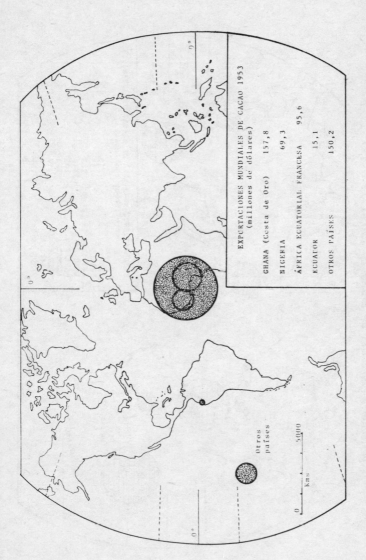

EXPORTACIONES MUNDIALES DE CACAO 1953
(millones de dólares)

GHANA (Costa de Oro)   157,8

NIGERIA   69,3

ÁFRICA ECUATORIAL FRANCESA   95,6

ECUADOR   15,1

OTROS PAÍSES   150,2

Otros países

Kms.   0   5000

FUENTE: íd. mapa 11.

MAPA 13

Exportaciones mundiales de azúcar en 1909-1913 y 1953-1954

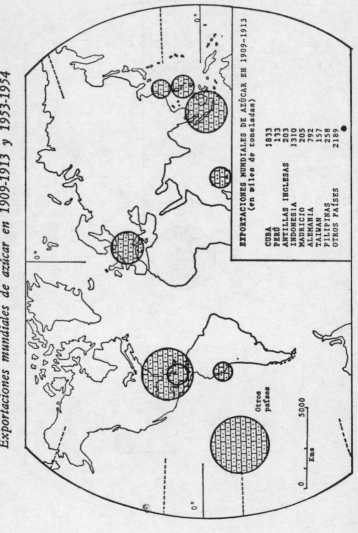

EXPORTACIONES MUNDIALES DE AZÚCAR EN 1909-1913
(en miles de toneladas)

CUBA	1833
PERÚ	133
ANTILLAS INGLESAS	203
INDONESIA	1310
MAURICIO	205
ALEMANIA	792
TAIWAN	157
FILIPINAS	258
OTROS PAÍSES	2189

Otros
países

Kms

0   5000

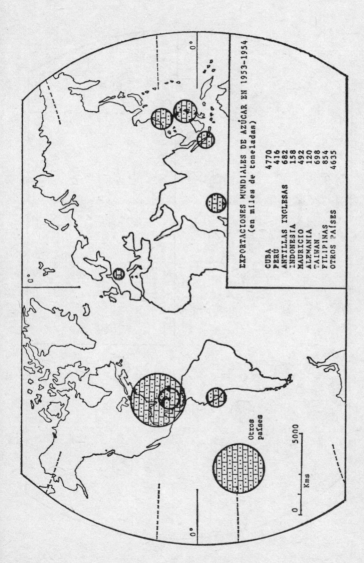

EXPORTACIONES MUNDIALES DE AZÚCAR EN 1953-1954
(en miles de toneladas)

CUBA	4770
PERÚ	416
ANTILLAS INGLESAS	682
INDONESIA	158
MAURICIO	492
ALEMANIA	120
TAIWAN	698
FILIPINAS	854
OTROS PAÍSES	4635

Otros países

5000

Kms

0

FUENTE: íd. mapa 11.

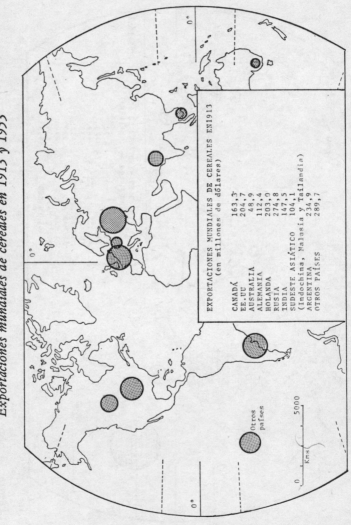

MAPA 14

Exportaciones mundiales de cereales en 1913 y 1953

EXPORTACIONES MUNDIALES DE CEREALES EN 1913
(en millones de dólares)

CANADÁ	163,3
EE.UU	204,7
AUSTRALIA	48,9
ALEMANIA	112,4
HOLANDA	203,0
RUSIA	274,8
INDIA	147,5
SUDESTE ASIÁTICO	104,1
(Indochina, Malasia y Tailandia)	
ARGENTINA	234,9
OTROS PAÍSES	289,7

Otros países

Kms   0   5000

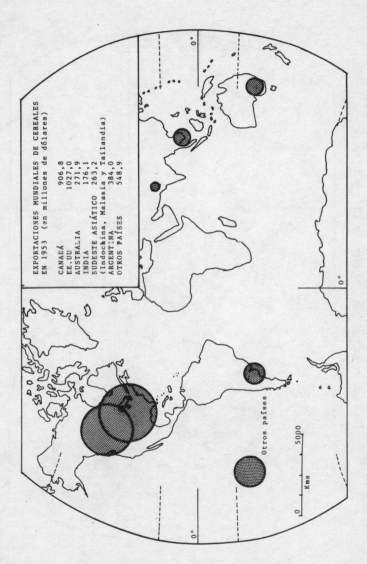

EXPORTACIONES MUNDIALES DE CEREALES
EN 1953 (en millones de dólares)

CANADÁ   906,8
EE.UU   1027,0
AUSTRALIA   271,9
INDIA   176,1
SUDESTE ASIÁTICO   263,2
(Indochina, Malasia y Tailandia)
ARGENTINA   384,0
OTROS PAÍSES   548,9

Otros países

0   Kms   5000

FUENTE: íd. mapa 11.

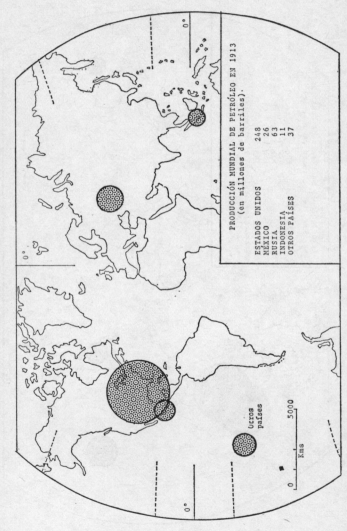

MAPA 15

Producción mundial de petróleo en 1913 y 1950

PRODUCCIÓN MUNDIAL DE PETRÓLEO EN 1913
(en millones de barriles).

ESTADOS UNIDOS   248
MÉXICO   26
RUSIA   63
INDONESIA   11
OTROS PAÍSES   37

Otros países

0   5000
Kms

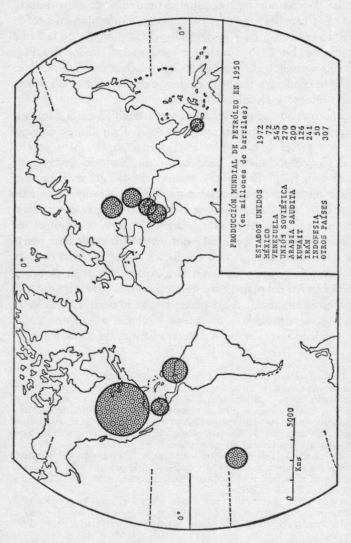

PRODUCCIÓN MUNDIAL DE PETRÓLEO EN 1950
(en millones de barriles)

	1972
ESTADOS UNIDOS	
MÉXICO	72
VENEZUELA	545
UNIÓN SOVIÉTICA	270
ARABIA SAUDITA	200
KUWAIT	126
IRÁN	241
INDONESIA	50
OTROS PAÍSES	307

Kms 5000

FUENTE: Datos de W. S. Woytinsky y E. S. Woytinsky, *World Population and Production*, The Twentieth Century Fund., Nueva York, 1953, p. 899.

(otros países, en 1953). El azúcar (mapa 13) sufre un proceso parecido; Cuba domina aún más el comercio mundial de ese producto en 1953. Los cereales (mapa 14) muestran el desplazamiento de los exportadores europeos y el deterioro de la posición de la India y la Argentina. En 1953, Canadá y los Estados Unidos dominan el mercado mundial de cereales. La producción de petróleo (mapa 15) se concentra también en favor de Venezuela, los países del Medio oriente y Estados Unidos.

La concentración geográfica se observa también en la demanda internacional de bienes primarios. Ésta se ha limitado, en el largo plazo, a los países industrializados,[59] y dentro de éstos (excluyendo al bloque socialista), resultó ser una función inversa del tamaño de cada país.[60] Este hecho es importante para entender por qué existe un mercado mundial para algunos productos y para otros no. Sólo aquellos alimentos o materias primas *consumidos masivamente* en los países desarrollados alcanzan un volumen de intercambios suficiente como para que exista un verdadero precio internacional. Debe notarse que productos como el arroz, el maíz, la mandioca y la papa constituyen el alimento básico de la mayoría de la población del planeta sin que tengan una parte significativa en el comercio mundial.[61] Algo parecido puede decirse de la ganadería extensiva, vinculada a mercados locales o a lo sumo regionales, y asociada casi siempre a diversas formas de trashumancia.[62]

59. Nos referimos, claro está, a los países capitalistas. En éstos, la importación de alimentos y otros bienes de consumo cumple el rol primordial de abaratar, en términos relativos, el costo de la fuerza de trabajo y su reproducción; la de materias primas proporciona insumos industriales básicos, imposibles de obtener internamente por su costo o por la disponibilidad de recursos. El comercio de los países socialistas requiere un análisis especial, que escapa a los límites de este trabajo.

60. El tamaño se refiere, en este contexto, a la extensión del territorio en cuanto a los recursos naturales disponibles. Así, por ejemplo, Gran Bretaña y el Japón constituyen ejemplos de países con recursos limitados, si se los compara con Estados Unidos.

61. Cerca de la mitad del arroz producido en el mundo es consumido en los lugares de producción, cf. D. B. Grigg, *The Agricultural Systems of the World,* An Evolutionary Approach, Cambridge University Press, 1974, pp. 79 y ss.

62. Este tipo de ganadería es particularmente importante en América del sur, a lo largo de la cordillera de los Andes, cf. Pierre Deffontaines, «La

Una concentración similar en la demanda se observa en las materias primas industriales, con el agregado de que su composición se modifica mucho más rápidamente que la de alimentos. La sustitución de fibras naturales por sintéticas, cuero o madera por plásticos, estaño por aluminio, etc., constituyen algunos ejemplos de este proceso.

¿Cómo se manifiesta este fenómeno de concentración, tanto a nivel de la oferta como de la demanda, en el comercio concreto? Si lo examinamos desde la perspectiva del tipo y el número de empresas dedicadas a esa actividad, el mercado internacional se nos aparece, al menos desde mediados del siglo xix, como un mundo de oligopolios.

A nivel local, el comercio de exportación está invariablemente concentrado; trátese de los cereales argentinos,[63] la carne del Río de la Plata,[64] el azúcar de Cuba o Perú,[65] o el café de Brasil.[66] En el caso de los minerales o las plantaciones de banano es frecuente que la misma compañía se encargue de todas las fases, desde la producción a la exportación.[67] La navegación de ultramar es contro-

vie pastorale dans les Andes du Nord et du Centre», *Les Cahiers d'Outre-Mer,* n.° 101, Burdeos, enero-marzo de 1973, pp. 5-38.

63. Cf. James R. Scobie, *Revolución en las Pampas,* trad. F. Mazía, Solar/Hachette, Buenos Aires, 1968, pp. 115-145; H. Pérez Brignoli, «Los intereses comerciales en la agricultura argentina de exportación; 1880-1955», ponencia presentada al V *Simposio de Historia Económica de América latina, Lima,* abril de 1978 (mimeografiado).

64. Cf. Simon G. Hanson, *Argentine Meat and the British Market: Chapters in the history of the Argentine meat industry,* Oxford University Press, Londres, 1938.

65. Cf. Ramiro Guerra, *Azúcar y Población en las Antillas,* Editorial de Ciencias Sociales, La Habana, 1970⁴, pp. 102-104; Peter F. Klarén, «The Social and Economic Consequences of Modernization in the Peruvian Sugar industry, 1870-1930», en K. Duncan e I. Rutledge, *Land and Labour in Latin America,* Cambridge University Press, 1977, pp. 229-252, aquí pp. 236-237.

66. Cf. Sergio Silva, *Expansão Cafeeira e Origens da Indústria no Brasil,* Editora Alfa-Omega, São Paulo, 1976, pp. 58-62.

67. G. L. Beckford compara las estructuras similares de la United Fruit Company (banano), Bookers Brothers (azúcar) y Tate and Lyle (azúcar), cf. G. L. Beckford, «The Economics of Agricultural Resource Use and Development in Plantation Economics», en H. Bernstein (ed.), *Underdevelopment and Development,* Penguin Books, Harmondsworth, 1973, pp. 115-151.

lada por unas pocas líneas [68] y lo mismo ocurre con los depósitos y sistemas de almacenaje en los principales puertos de distribución a los lugares de consumo. En todas las economías de exportación ha existido una conexión, a veces tenue y poco perceptible, otras veces clara y directa, en el fondo tenaz y persistente, entre las compañías ferroviarias, las firmas exportadoras, las empresas navieras y las corporaciones que almacenan y venden los productos en los mercados consumidores. Pero lo que hace factibles estas conexiones —y de hecho torna posible la existencia de un verdadero mercado mundial— es el capital bancario y financiero.[69]

Tratemos de resumir los mecanismos básicos de funcionamiento.[70] Las firmas compradoras emiten giros pagaderos a tres o seis meses, los cuales una vez garantizados por un banco, son aceptados por las empresas vendedoras del producto de que se trate, y luego utilizadas por éstas para efectuar nuevos pagos. El sistema reposa enteramente en la autoridad del banco, la cual depende como es obvio de sus recursos financieros (depósitos en cuenta corriente, ahorros, caudales, etc.). De este modo, el movimiento de mercancías es independiente de las posibilidades inmediatas de los compradores. Los bancos londinenses hasta 1914, y luego los neoyorquinos, desempeñaron esa función de garantía con alcances mundiales; pero los reordenamientos de la economía mundial posteriores a la crisis de 1929 desplazaron cada vez más ese papel de la esfera privada a la autoridad monetaria y financiera de cada Estado.[71]

68. Cf. R. Albion, *op. cit.*
69. El fenómeno es de larga data; basta recordar el papel de los Függer, o de los banqueros genoveses, en la expansión colonial española del siglo XVI, o la importancia crucial del capital holandés en el comercio del azúcar de las colonias portuguesas en el siglo XVII.
70. Cf. Pierre George, *Los Grandes Mercados del Mundo,* trad. G. Pla, Eudeba, Buenos Aires, 1969³, pp. 19-35; una exposición amplia se encuentra en J. B. Condliffe, *The Commerce of Nations,* Norton, Nueva York, 1950, pp. 294-359 y pp. 466-476; Harold J. Heck, *Foreign Commerce,* McGraw-Hill, Nueva York, 1953, parte II.
71. Albert O. Hirschman (*La potencia nacional y la estructura del comercio exterior,* trad. Ramón Verea, Aguilar, Madrid, 1950) teorizó sobre el nuevo rol del Estado intervencionista y cómo emplean las potencias los métodos comerciales para maximizar su poder militar. Después de 1945 el papel de los bancos e instituciones internacionales es primordial: BIRF, Import-Export Bank, Banco Mundial, Fondo Monetario, etc.

Estas características del crédito internacional constituyen otro importante elemento en el fenómeno de concentración que estamos estudiando. No es extraño entonces que las Bolsas de Londres, Liverpool, Amberes, Rotterdam, El Havre, Hamburgo, Nueva York y Chicago concentren también el grueso de las transacciones de mercancías del comercio mundial. Por lo general, hay una coincidencia espacial entre las Bolsas y vastas instalaciones de almacenaje, pero esto no siempre es necesario. Los productos menos perecederos y de tipificación más o menos fácil son objeto de transacciones y compensaciones (*clearings*) similares a las operaciones bancarias. Así, por ejemplo, una mercancía comprada en Nueva York puede ser vendida en Londres y finalmente entregada en Hamburgo sin que medie su transferencia efectiva de una plaza comercial a otra. Naturalmente, la tipificación implica acuerdos entre las asociaciones privadas de comerciantes (como por ejemplo, la *London Corn Trade Association*) con alcances internacionales, y eventualmente el control de algunas oficinas gubernamentales.

La producción agrícola, y en menor medida la ganadera, fluctúa estacionalmente, por lo cual, dependiendo de las características climáticas de las regiones de origen, los mercados consumidores reciben una oferta «escalonada» a lo largo del año.[72] La situación de oligopolio abre posibilidades muy grandes de especulación, según las expectativas de cosecha en los países productores más importantes. Los mercados a término constituyen, en la red de vinculaciones comerciales y financieras que ya se describió, un medio para atenuar el impacto de las fluctuaciones imprevistas. Su principio de funcionamiento es sencillo: la fecha de entrega de la mercadería se estipula en el contrato de la operación, por lo cual resulta ser una compra o una venta diferidos. Supongamos, por ejemplo, que un comerciante compra hoy cien toneladas de trigo que serán embarcadas para exportación un mes después, siendo

72. Así, por ejemplo, en el caso del trigo en los mercados europeos: el primer trimestre del año recibía las cosechas de Argentina y Australia; en marzo y abril llegaban las provenientes de la India británica; entre mayo y noviembre ocurría lo propio con las cosechas del hemisferio norte (Canadá, Estados Unidos, etc.).

la cotización del día de 5 dólares el quintal. Para resguardar sus márgenes de ganancia este comerciante vende la misma cantidad en el mercado a término. Al mes, en el momento de embarque, si el precio ha subido a, por ejemplo, 5,10 dólares, ganará 10 centavos más por quintal en la operación efectiva, pero los perderá en la operación a término. Si, en cambio, el precio ha bajado a 4,90 dólares, perderá 10 centavos por quintal en la operación efectiva pero los ganará en la operación a término. Lo importante es que se asegurará el margen de ganancias de cuando compró el trigo a 5 dólares el quintal. Las operaciones a término no siempre se cancelan con grano efectivo. Es frecuente que esto se haga con nuevos contratos o documentos bancarios.

No debe perderse de vista que, de todos modos, una empresa nunca opera exclusivamente a término. Siempre combina este tipo de transacción con las operaciones al contado y una gran variedad de formas especulativas. Por último, existe toda una gama de situaciones imprevistas: guerras, conflictos, presiones diplomáticas, expectativas políticas, descubrimientos de nuevas fuentes de materias primas o perspectivas de agotamiento, etc., que intervienen continuamente en la dinámica viva del mercado mundial; el riesgo y la especulación siguen siendo ingredientes básicos del arte de comerciar.

La exposición anterior permite hacerse una idea de la compleja estructura del mercado mundial. La importancia crucial de los diversos mecanismos de concentración convierte en secundario el hecho de que existan, sobre todo en el caso de los alimentos, por un lado un número muy grande de campesinos productores, y por otro una inmensidad de consumidores. ¿Cómo se forman los precios en el mercado internacional? Puede afirmarse que, en ausencia de políticas orientadas a la retención de stocks, el precio debe llegar a un nivel tal que permita la absorción de toda la oferta. Pero es muy difícil avanzar más lejos de esta evidencia simple.[73] La dificultad en la teorización de este problema

73. Existen aquí explicaciones alternativas derivadas de las distintas teorías sobre el comercio internacional. Para un resumen de éstas, cf. Jagdish Bhagwati, «La teoría pura del Comercio internacional: una visión panorámica», en F. H. Hahn et al., Panoramas contemporáneos de la teoría eco-

estriba, a nuestro entender, en lo *heterogéneo* de los costos de producción de los bienes primarios. Naturalmente, ello deriva de la diversidad estructural y del desarrollo desigual de los países productores.

Restricciones a la producción y el comercio;
acuerdos internacionales

Desde la adopción del patrón oro en 1816 hasta la inconvertibilidad de la libra esterlina decretada en 1931, la divisa británica fue la moneda internacional por excelencia. El abandono paulatino del patrón plata, a lo largo del siglo xix, y la creciente gravitación financiera de Londres, hicieron factible un sistema multilateral de pagos internacionales unificado por el oro y también por la confianza en la banca de las grandes plazas financieras de Londres y Nueva York.[74] El gráfico 7 resume el sistema en su apogeo, es decir inmediatamente antes de la gran crisis de 1929. Las flechas indican los pagos internacionales netos, en millones de dólares. Estados Unidos sólo es deudor de las regiones tropicales; en cambio el Reino Unido tiene déficits con Estados Unidos, las regiones de poblamiento reciente y el continente europeo. Las posiciones de ambas potencias bastan para ilustrar la gran importancia de las compensaciones en los pagos internacionales.

Entre tantas cosas, la crisis de 1929 quebró la estabilidad monetaria que constituía uno de los pilares de dicho sistema. Lo que vino después fue un intermedio de confusión, durante la depresión y la segunda guerra mundial, dominado por los acuerdos

---

nómica, II, *Crecimiento y desarrollo,* trad. F. M. Bourgón y otros, Alianza Editorial, Madrid, 1970, pp. 229-349. Véase también la polémica pero importante obra de A. Emmanuel, *L'échange inégal,* Maspero, París, 1969 (hay trad. cast. en Siglo XXI de México).

74. En realidad el patrón oro adquiere plena dimensión internacional en la década de 1870, cuando es adoptado por Alemania (1873) y los Estados Unidos (1879), cf. Condliffe, *op. cit.,* p. 362. Durante la primera guerra mundial ocurre un primer período de inconvertibilidad; los trastornos monetarios sólo se solucionan parcialmente, y por poco tiempo, en la Conferencia de Génova (1922).

GRÁFICO 7

El circuito de pagos internacionales netos en 1928

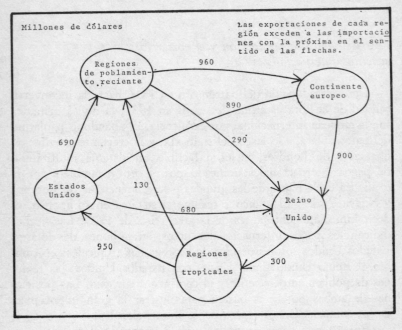

FUENTE: J. B. Condliffe, *The Commerce of Nations*, Norton, Nueva York, 1950, p. 285.

comerciales bilaterales, la demarcación de áreas monetarias y la instauración del control de cambios. Los acuerdos de Bretton Woods (1944) y el establecimiento del Fondo Monetario Internacional permitieron una restauración parcial y paulatina de los pagos multilaterales. Pero hacia 1970, también ese sistema empezó a dar señales de serio agotamiento.

Para el Reino Unido, el fin del sistema multilateral de pagos fue también el del *Free Trade*. El Estatuto de Westminster (1931) sentó las bases del *Commonwealth* y la «Conferencia Imperial de

Ottawa» (1932) estableció un sistema aduanero de preferencias para los miembros de la comunidad. El Reino Unido negoció, en los años siguientes, varios acuerdos bilaterales [75] con los países escandinavos y la Argentina —sus proveedores tradicionales ajenos al Imperio—; Japón, gran exportador hacia las áreas coloniales británicas, fue probablemente el país más perjudicado por la nueva política británica. El repliegue del Reino Unido, más visible primero en América latina, fue, después de la segunda guerra mundial, general.[76]

La política comercial de Estados Unidos siguió una trayectoria muy diferente. El elevado proteccionismo agrícola e industrial sólo abrió el mercado norteamericano a los productos extranjeros no competitivos, o sea los de la agricultura tropical y en menor grado los minerales. Un caso único, en las relaciones entre Estados Unidos y América latina, fue el tratado de reciprocidad firmado con Cuba en 1903. El azúcar obtenía un trato preferencial (20 % menos que la tarifa de cualquier otro país) en el mercado norteamericano; ciertos productos de Estados Unidos lograban un trato equivalente en el mercado cubano (derechos entre 20 y 40 % más bajos que los acordados a otros países). El convenio fue renegociado en 1934: Cuba aumentó los márgenes de preferencia a los productos norteamericanos; pero el azúcar quedó sujeto a cuotas de importación establecidas por la ley Costigan-Jones de ese mismo año por lo cual la tarifa preferencial resultó, en adelante, inefectiva.[77]

75. Los tratados establecían cuotas a las exportaciones al mercado británico a cambio de privilegios para los productos y compañías inglesas. Un ejemplo característico lo constituye el tratado Roca-Runciman, firmado en 1933 entre Argentina y Gran Bretaña, para un excelente análisis del tratado. Cf. Pedro Skupch, «El deterioro y el fin de la hegemonía británica sobre la economía argentina, 1914-1947», en Marta Panaia, *et al.*, *Estudios sobre los orígenes del peronismo, 2,* Siglo XXI, Buenos Aires, 1973, pp. 3-79.

76. Las dificultades para el comercio fuera del Commonwealth se acrecientan notoriamente, un ejemplo lo constituyen las libras «bloqueadas» (es decir, inconvertibles a otra divisa o a oro) acumuladas en Londres para los saldos favorables de las exportaciones argentinas durante la guerra (cf. *op. cit.,* pp. 54-58), y en la misma situación se encontraron muchos otros países. Para un examen de conjunto, de la política británica, cf. M. Barratt Brown, *After Imperialism,* Merlin, Londres, 1970².

77. Julio Le Riverend, *Histoire Economique de Cuba,* trad. R. Arnold,

La Ley de acuerdos comerciales recíprocos de 1934 autorizó por tres años al presidente de los Estados Unidos a negociar acuerdos comerciales sin la participación del Congreso, facultándolo para subir y bajar las tarifas aduaneras hasta en un 50 %. La citada ley fue renovada cada vez que expiraba el plazo fijado, pero en la postguerra el proteccionismo se reforzó otra vez. Desde 1951 fue obligatorio establecer cuotas o elevar las tarifas si se probaba un perjuicio a los productores norteamericanos. La ley de 1934 permitió negociar un gran número de acuerdos comerciales; en lo referente a América latina la mayoría de ellos estuvieron destinados a expandir las exportaciones de Estados Unidos durante la depresión de los treinta o sostener, con materias primas esenciales, el esfuerzo bélico.

En suma, la política comercial norteamericana hacia América latina [78] no se ha apartado nunca de los patrones de definición tradicionales: cuotas y preferencias aduaneras que se distribuyen según un complicado juego de intereses políticos y económicos, expresado a través de los poderosos *lobbies* que actúan en el Congreso de los Estados Unidos.[79]

Pero las restricciones a los intercambios no sólo tienen origen en cuestiones monetarias o de política comercial. Los intentos de regulación de la producción de bienes primarios ocuparon un lugar importante aún antes de manifestarse los problemas que acabamos de tratar.

La agricultura tropical de exportación conoció, a lo largo del siglo XIX, una expansión continua de las áreas cultivadas que culminó con un período de superproducción mundial y de caída pronunciada en los precios. La fase depresiva varió, cronológica-

---

Institut du Livre, La Habana, 1967, pp. 225-228 y 265-266 (hay trad. cast., Ariel, Barcelona).

78. Cf. Seymour E. Harris *et al., Problemas económicos de América latina,* trad. A. Álvarez Buylla, F.C.E., México, 1945; Shoshana B. Tancer, *Economic Nationalism in Latin America.* The quest for Economic Independence, Praeger Publishers, Nueva York, 1976, pp. 75-98.

79. Nótese que el Congreso Norteamericano nunca aceptó el *General Agreement on Tariffs and Trade* (GATT), suscrito en 1947 por 24 países, con la finalidad de promover la liberalización del comercio y la eliminación gradual de las tarifas y restricciones prohibitivas, cf. Tancer, *op. cit.,* p. 79.

mente, según los productos.[80] El café llegó a esta situación desde la gran cosecha brasileña de 1897; los precios cayeron continuamente y sólo se estabilizaron en 1908, como resultado de una cosecha menor en 1907 y de la política de *valorización* aplicada por el gobierno del Estado de São Paulo. El azúcar afrontó problemas sobre todo a finales del siglo xix por la fuerte competencia del azúcar de remolacha exportado por Alemania y el sistema de primas a la exportación vigente en Europa. La Convención de Bruselas en 1902 eliminó dicho sistema y estabilizó el mercado, lo cual permitió una fuerte expansión de las exportaciones mundiales hasta los años 1920. Pero desde 1925 los precios comenzaron a caer vertiginosamente. Cuba impuso restricciones a la molienda y en 1931 se firmaron los *Chadbourne Agreement,* sobre limitación de las exportaciones. En 1937 se estableció el *International Sugar Board,* integrado por 20 países que controlaban el 75 % del comercio mundial del azúcar y se ratificaron los controles al comercio y la producción.

Estos métodos de restricción de la producción y del comercio muestran un esquema común:

a) Se trata de no aumentar el área cultivada, incluso prohibiendo (como en el caso de Brasil) nuevas plantaciones;

b) Se reduce la oferta adquiriendo stocks que se retienen y eventualmente se destruyen (en Brasil), o limitando la molienda (Cuba);

c) Se busca, con los mecanismos anteriores, estabilizar los precios internacionales;

d) Como las restricciones sólo en raras ocasiones han logrado una aceptación unánime de los países productores, el control en los grandes ha incentivado la producción en los pequeños (como es el caso en los controles de Brasil y la expansión en México, Centroamérica y Colombia);

e) La regulación nunca se ha aplicado en forma continuada, de hecho se han alternado períodos de control con épocas de

80. Para un excelente análisis de los problemas de la agricultura tropical de plantación, en ésta y otras fases, cf. P. P. Courtenay, *Plantation Agriculture,* G. Bell y Sons, Londres, 1971.

fuertes aumentos en la producción, e incluso de ruptura, en ocasiones, de los convenios internacionales.

Puede afirmarse, en consecuencia, que la eventual «racionalización» de la producción derivada de estos esquemas de restricción tuvo en realidad alcances reducidos. Estos controles deben verse más bien como una especie de enfermedad endémica de las agriculturas tropicales de exportación y no como perturbaciones ajenas a su naturaleza.[81] Las dos primeras «valorizaciones» del café brasileño[82] fueron financiadas mediante préstamos de la banca internacional al gobierno de São Paulo y resultaron, con la recuperación de precios posterior, un éxito especulativo; en otros casos, el gobierno tuvo que asumir cuantiosas pérdidas, que fueron financiadas mediante el expediente de la inflación interna.[83] En el caso del azúcar, el peso de las restricciones fue soportado, en primer término, por los arrendatarios y pequeños cultivadores.[84]

El control y los acuerdos fueron mucho más efectivos en el caso de grandes corporaciones que ejercían un fuerte poder de monopolio. Es el caso de las compañías fruteras en América central o de las empresas mineras. Las primeras estaban en condiciones de regular perfectamente la oferta al mercado norteame-

---

81. Cf. Sergio Silva, *op. cit.*, pp. 62-76.

82. La primera «valoración» data de 1906; las compras se efectuaron hasta 1910 y se financiaron con préstamos obtenidos de un consorcio de bancos alemanes, franceses, ingleses y norteamericanos, encabezado por la casa Rothschild; el total de café retirado del mercado alcanzó, en esos cuatro años, 8,5 millones de sacos (de 60 kg). El proceso se repitió en 1914-18, durante la primera guerra mundial; una devastadora helada en 1918 evitó por algún tiempo la superproducción. La tercera «valorización» ocurre en 1924, y tiene un carácter más permanente: el comercio exterior pasa a ser regulado por el *Instituto del Café* de São Paulo, y ésta es financiada por un banco estatal, ahora intermediario con los bancos extranjeros; el desfase entre volumen producido y exportado se acrecienta y se procede, cada vez con mayor frecuencia, a la destrucción de stocks. En la década de 1930 estos mecanismos operan a una escala aún mayor. Cf. Caio Prado Junior, *Historia Económica del Brasil*, trad. H. Jofre Barroso, Editorial Futuro, Buenos Aires, 1960, pp. 262-268.

83. Cf. Celso Furtado, *Formación económica del Brasil*, trad. D. Aguilera M., F.C.E., México, 1962, pp. 190-200. Debe recordarse que la inflación interna abarata, para los terratenientes y exportadores, los costos de producción internos.

84. Cf. Ramiro Guerra, *op. cit.*; Julio Le Riverend, *op. cit.*

ricano; las segundas, podían regular la producción (independiente de fluctuaciones climáticas) y almacenar stocks durante largos períodos. La formación de poderosos cárteles, con alcances mundiales, se produjo desde 1930.[85]

5. Cambios en la composición del comercio exterior de América latina

Ya hemos dicho que las exportaciones de América latina cambian escasamente en su composición en los últimos cien años. El cuadro 12 es, en este aspecto, sumamente revelador. En 1913, 1953 y 1972, la mayoría de los países cuentan con un producto, o con un grupo de productos similares, que representan más del 30 % del valor total de las exportaciones; y un análisis pormenorizado nos revela casos de una dependencia significativamente mayor. En 1972 se observa alguna diversificación (hay cinco países en la primera línea del cuadro 12), pero esto dista todavía de ser una tendencia generalizada.

¿Qué ocurre con las importaciones? Su composición varía, en el mismo período, en forma sintomática. Veamos algunos casos ilustrados por el cuadro 13. La importancia relativa de los bienes de consumo es un indicador indirecto del grado de diversificación interno alcanzado por una economía de exportación. En los cinco países [86] que se consideran hay diferencias muy reveladoras. En 1913 Cuba y Costa Rica muestran un predominio aplastante de los bienes de consumo, México y Argentina una proporción relativamente baja, y Brasil se halla en una situación intermedia. La importancia de las materias primas y los bienes de capital señalan,

85. Cf. Erwin Hexner, *Carteles internacionales,* trad. S. Cosío Villegas, F.C.E., México, 1950.
86. El análisis se restringe a esos cinco países por la dificultad para obtener información confiable; se requeriría un minucioso análisis y codificación de las estadísticas de comercio según productos, de cada país, para ofrecer datos aceptables antes de 1950. Pero no hay duda de que si se dispusiera de esos datos para todos los países de América latina, éstos se ubicarían en posiciones intermedias, o se aproximarían a los casos de Cuba y Costa Rica.

CUADRO 12

América latina, concentración de las exportaciones, 1913, 1953 y 1972
(países y porcentaje del producto principal en el total exportado)

Porcentaje del producto de exportación más importante sobre el total de exportaciones	1913	1953	1972
0-29 %	México-Paraguay-Perú	México-Paraguay	Brasil-Costa Rica-México-Nicaragua-Perú
30-49 %	Argentina-R. Dominicana-Honduras-Uruguay	Argentina-Costa Rica-Nicaragua-Perú-R. Dominicana	Argentina-Ecuador-El Salvador-Guatemala-Haití-Honduras-Paraguay-Uruguay-R. Dominicana
50-69 %	Panamá-Venezuela-Brasil-Colombia-Costa Rica-Cuba-Ecuador Haití-Nicaragua	Haití-Ecuador-Uruguay-Honduras-Panamá	Panamá-Chile-Colombia-Bolivia
70-100 %	Bolivia-Chile-El Salvador-Guatemala	Brasil-Colombia-El Salvador-Guatemala-Cuba-Bolivia-Chile-Venezuela	Venezuela

FUENTES: P. Lamartine Yates, *op. cit.*, en el cuadro 11; *América en cifras*, 1972, *op. cit.*

CUADRO 13

*Composición de las importaciones de Argentina, Brasil, México,
Cuba y Costa Rica en 1913, 1929 y 1950*
(porcentajes)

Países	Tipos de bienes importados	1913	1929	1950
Argentina	Bienes de consumo	37 %	37 %	12 %
	Materias primas	43 %	40 %	47 %
	Bienes de capital	20 %	23 %	41 %
Brasil	Bienes de consumo	72 %	66 %	35 %
	Materias primas	20 %	25 %	29 %
	Bienes de capital	8 %	9 %	36 %
México	Bienes de consumo	44 %(a)	44 %	28 %
	Materias primas	26 %(a)	35 %	23 %
	Bienes de capital	30 %(a)	21 %	49 %
Cuba	Bienes de consumo	80 %	75 %	64 %
	Materias primas	10 %	15 %	23 %
	Bienes de capital	10 %	10 %	13 %
Costa Rica	Bienes de consumo	56 %	57 %	56 %
	Materias primas	23 %	26 %	25 %
	Bienes de capital	16 %	17 %	19 %

ADVERTENCIA: Las cifras para 1913 y 1929 deben considerarse como aproximadas.
(a) Las cifras corresponden a 1910-1911.
FUENTES: CEPAL, *Estudio económico de América latina, 1951-2952,* Nueva York-México, 1954 (cifras de 1950).
The Foreign Trade..., op. cit. (cifras de Brasil y México en 1929 y Brasil en 1913).
Estadísticas económicas del Porfiriato: *Comercio Exterior de México, 1877-9111,* El Colegio de México, México, 1960, pp. 43-44.
CEPAL, *El desarrollo económico de la Argentina,* México, 1959 (Apéndice mimeografiado, p. 109) (cifras de Argentina en 1913 y 1929).
Guy Bourdé y Óscar Zanetti, «Le Commerce extérieur de Cuba a l'époque de la République Néo-coloniale, 1899-1958», en *Cahiers des Amériques Latines,* París, 1973, pp. 25-64 (cifras sobre Cuba).
Priscilla Albarracín y H. Pérez Brignoli, *Estadísticas del Comercio Exterior de Costa Rica (1907-1946),* Universidad de Costa Rica, Avance de Investigación de la Escuela de Historia y Geografía, 1977 (mimeografiado).

a la vez, el avance relativo de la industrialización en México y Argentina —más visible aún en 1929— y cómo Brasil avanza también, aunque más lentamente, en la misma senda. Costa Rica y Cuba, por su parte, muestran una diversificación económica interna muy débil, aún en 1950. En esta fecha, el contraste con los tres países antes mencionados es todavía mayor.

Los datos disponibles permiten afirmar que, al menos a lo largo del siglo xx, las importaciones de los países de América latina han cambiado casi continuamente en su composición, con una tendencia firme a incrementar la proporción de las materias primas y los bienes de capital. Si se recuerda ahora que esas importaciones cambian también cualitativamente, es decir, se trata de productos que resultan de un trabajo cada vez más productivo, y que las exportaciones han experimentado cambios muy reducidos, no se puede menos que concluir que la «vulnerabilidad exterior» de las economías latinoamericanas sigue siendo un factor estructural tan importante hoy como ayer. Este rasgo es, además, característico de todos los países subdesarrollados.[87]

B) DESCRIPCIÓN ESTRUCTURAL DEL PROCESO DE DESARROLLO

1. CUESTIONES DE MÉTODO

Los procesos de transición que se estudiaron en el capítulo 4 determinaron, simultáneamente, la organización básica de los sectores de exportación y su articulación con la agricultura de subsistencia. Estas vinculaciones pueden examinarse en diferentes perspectivas. Si se observa la economía en su conjunto, una vez identificados los sectores básicos de la producción es posible con-

87. Para un análisis particularmente interesante sobre los alcances de la vulnerabilidad externa sobre el desarrollo industrial, cf. Meier Merhav, *Dependencia tecnológica, monopolio y crecimiento,* trad. M. Nowersztern, Ediciones Periferia, Buenos Aires, 1972, sobre todo pp. 231-280.

cebir una matriz de flujos intersectoriales que rinda cuenta de esas interrelaciones. Los modelos de contabilidad social, y en particular el de insumo-producto, proveen herramientas analíticas particularmente útiles a ese respecto.[88] Un enfoque espacial, igualmente global, nos llevaría en cambio a plantear los problemas de especialización y articulación entre regiones. La distinción urbano-rural y el impacto de los cambios en la red de transportes requerirían aquí una atención singular.

Pero ambas perspectivas son insuficientes si se trata, como en nuestro caso, de comparar países en el tiempo. Se impone entonces la definición de criterios de confrontación, y de ser posible la construcción de tipologías que permitan evaluar tanto las posibilidades de transformación —diferentes en cada caso—, cuanto el rumbo efectivo.

Hollis Chenery, en un artículo ya citado,[89] logró definir ciertas pautas del crecimiento industrial ilustradas por el gráfico 8. En el eje de las ordenadas se mide la participación porcentual de los sectores básicos en el producto nacional; en las abcisas el ingreso *per capita*. Como se recordará, el análisis de Chenery se deriva de un estudio transversal de 51 países en la década de 1950. ¿En qué medida ese modelo refleja también la pauta de cambios temporales y no sólo las relaciones observadas en un período reciente en cuanto a los niveles de desarrollo de un conjunto grande de países? Chenery y Taylor[90] verificaron el modelo con series seculares (1860-1960) de nueve países (Estados Unidos, Francia, el Reino Unido, Alemania, Italia, Suecia, Noruega, Canadá y Japón) y para el período 1950-1963 con series de 54 países. Pero

88. Sobre estos modelos, cf. Richard y Giovanna Stone, *Renta nacional, contabilidad social y modelos económicos*, trad. M. Costafreda, Oikos-Tau, Barcelona, 1969; Danilo Astori, *Enfoque crítico de los modelos de contabilidad social*, Siglo XXI, México, 1978; la mejor introducción, a un nivel muy elemental, sigue siendo Norberto González y Roberto Tomasini, *Introducción al estudio del ingreso nacional*, Eudeba, Buenos Aires, 1964³.

89. Hollis B. Chenery, «Patterns...», *art. cit.*

90. Hollis B. Chenery y Lance Taylor, «Development Patterns: Among Countries and Over Time», *The Review of Economics and Statistics*, vol. L, noviembre 1968, n.° 4, pp. 391-416. Cf. también, Peter Temin, «A Time-Series Test of Patterns of Industrial Growth», en *Economic Development and Cultural Change*, vol. 15, n.° 2, junio 1967, pp. 174-182.

GRÁFICO 8

*Pautas del crecimiento industrial: niveles de ingreso per capita
y participación de los principales sectores de actividad
en el producto nacional bruto*

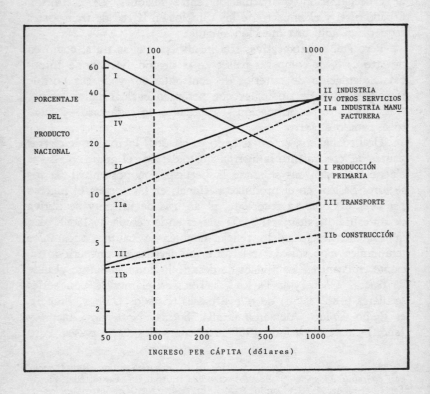

FUENTE: Hollis B. Chenery, «Patterns...», art. cit., nota. 12, p. 636.

debe notarse que el modelo de Chenery —una formulación rigurosa de ideas desarrolladas antes por Kuznets y Colin Clark—, sólo *describe* cambios en la estructura económica a largo plazo, es decir omitiendo las variaciones cíclicas. Por otra parte, el interesante hallazgo de esas regularidades estadísticas no implica —y en esto nos alejamos considerablemente de la opinión de Chenery—, la existencia de un patrón «universal» del crecimiento económico. Este último problema puede formularse en términos enteramente diferentes si se considera que el análisis histórico del desarrollo debe explicar cómo sociedades con estructuras sociales, políticas y culturales muy diversas, llegan, en *algunos aspectos,* como los señalados por las mencionadas regularidades estadísticas, a resultados absolutamente parecidos.

El modelo citado nos indica que, a largo plazo, el crecimiento económico implica una reducción progresiva de la importancia relativa de las actividades primarias (agricultura, minería, pesca, silvicultura) y un incremento constante de la industria y los servicios. Nadie discutirá, a un nivel general, que América latina ha conocido, en los últimos cien años, un proceso de este tipo; pero el estado actual de los estudios de historia económica no nos permite agregar precisión estadística alguna; salvo para los últimos veinte años. Debemos contentarnos, en consecuencia, con dos hipótesis de trabajo. Primero: el crecimiento económico se traduce en un aumento permanente en la complejidad de las relaciones intersectoriales; en otros términos, en una diferenciación creciente de las ramas de actividad económicas; pudiendo distinguirse dos fases diferentes, una inicial (fase I) de expansión y diversificación del sector exportador (actividades primarias y servicios) y una posterior (fase II) en la cual esa diversificación alcanza el sector industrial. Segundo: la dinámica de las transformaciones, en ambas fases, depende en una proporción importante del tipo de articulación entre el sector de exportación y la agricultura de subsistencia que abastece el mercado interno de alimentos.

El enfoque de los *enlaces,* presentado por Albert O. Hirschman [91] proporciona el conjunto de ideas más sugerentes para analizar las pautas de diversificación inherentes a todo proceso de desarrollo económico. Los efectos de enlace derivados de un producto o sector de actividad se definen como las «fuerzas generadoras de inversión que se ponen en movimiento, a través de relaciones de insumo-producto, cuando las instalaciones productivas que proveen insumos a esa línea o que utilizan sus productos son inadecuados o inexistentes».[92] El concepto alude, en primera instancia, a *enlaces de producción*, que se expresan como *flujos físicos de mercancías*: *hacia atrás* cuando la nueva inversión provee insumos necesarios al sector en cuestión; *hacia adelante* cuando la nueva inversión se canaliza hacia empresas que utilizan el producto del sector estudiado. Pero efectos parecidos se observan también en otros ámbitos de la vida económica. Hay *enlaces indirectos*, particularmente visibles en el caso de las economías de exportación: el efecto no se expresa en un flujo físico de bienes, por lo cual su impacto es más complejo y mediatizado. Los *enlaces fiscales*, derivados del uso de los impuestos en la inversión productiva, o los *enlaces de consumo* provenientes del mercado interno creado por la expansión del sector exportador, que incentiva primero la importación de bienes de consumo y luego su sustitución por la industria nacional, constituyen dos efectos de este tipo. Puede agregarse todavía otra clasificación: *enlaces interiores*, cuando las nuevas actividades son emprendidas por los mismos agentes del sector ya existente; *enlaces exteriores*, cuando la novedad incluye también participantes ajenos a la primera actividad.

¿Cuáles son los méritos y limitaciones del enfoque propuesto por Hirschman? Los enlaces de producción (directos) se formulan fácilmente en términos del modelo de insumo-producto con lo cual hay inmediatas posibilidades de aplicación práctica y una atractiva posibilidad de medición estadística de los efectos de

---

91. Hirschman, «Enfoque generalizado...», *art. cit.*; nuestra exposición se basa en este artículo reciente. Una formulación inicial del concepto de enlace (*linkage*) se encuentra en el cap. IV de *La estrategia del desarrollo económico*, obra publicada en 1958.
92. Hirschman, «Enfoque generalizado...», p. 204.

enlace.[93] Pero estos esfuerzos de medición, derivados del modelo de insumo-producto, no incorporan fácilmente la dimensión temporal, que constituye un aspecto esencial del fenómeno. Esta dificultad analítica no disminuye por cierto la utilidad del enfoque en la descripción histórica de casos.[94] Por otra parte, los enlaces fiscales y de consumo, al igual que los interiores y exteriores, instan a considerar la interrelación de aspectos cualitativos de particular importancia, que no son por cierto ajenos al marco institucional y a la fisonomía histórica de cada proceso de desarrollo estudiado.[95]

El enfoque de los enlaces puede aplicarse a las dos fases del desarrollo latinoamericano que distinguimos líneas más arriba y nos proveerá una *descripción estructural* del crecimiento. En las palabras de Hirschman: «el desarrollo es en esencia el testimonio de cómo una cosa conduce a otra y los enlaces se refieren de modo fundamental a esa relación».[96] Mas debemos ser conscientes de que no buceamos todavía en las profundidades de una verdadera *explicación* sobre la naturaleza del desarrollo económico.

93. La primera aplicación aparece en H. B. Chenery y T. Hatanabe, «International Comparisons of the Structure of Production», *Econometrica,* octubre 1958, pp. 487-521. Una crítica a los métodos del artículo anterior se encuentra en Pan A. Yatopoulos y Jeffrey B. Nugent, «A Balanced-Growth versión of the linkage hypothesis: A test», *The Quarterly Journal of Economics,* vol. 87, mayo de 1973, pp. 157-171; para un debate generalizado, cf. diversos artículos en *The Quarterly Journal of Economics*, vol. 90, mayo de 1976.

94. Como lo prueban las obras sobre ferrocarriles de Fishlow y Coatsworth, ya citadas, y el enfoque del *Staple - Approach* aplicado sobre todo a la historia económica de Canadá y Australia, cf. al respecto, Melville H. Watkins, «A Staple Theory of Economic Growth», *The Canadian Journal of Economics and Political Science,* vol. 29, mayo de 1963, pp. 141-158.

95. El enfoque de Hirschman guarda algún parecido con las ideas de Lynn White Jr. (Cf. *Tecnología Medieval y Cambio Social,* trad. E. Córdoba, Paidós, Buenos Aires, 1973) y de Nathan Rosenberg sobre el impacto social del cambio tecnológico. Rosenberg considera que el crecimieneto económico es también un proceso de aprendizaje que incluye mecanismos de retroalimentación sobre la productividad del trabajador; luego demuestra cómo los más importantes de esos mecanismos se derivan sobre todo de las industrias de bienes de capital que por lo general faltan en los países subdesarrollados. Cf. N. Rosenberg, «Neglected Dimensions in the Analysis of Economic Change», en *Bulletin, Oxford University Institute of Economics and Statistics,* febrero de 1964.

96. Hirschman, «Enfoque generalizado...», *art. cit.,* p. 215.

2. CRONOLOGÍA DEL CRECIMIENTO

Examinaremos ahora el comportamiento, a lo largo del tiempo, de tres sectores básicos de la economía latinoamericana: el sector exportador, la producción agrícola de alimentos (o la agricultura de subsistencia) y el sector industrial.

El sector exportador

Las estadísticas sobre comercio exterior son, en América latina, relativamente abundantes. Pero antes de caer en la tentación del estudio cuantitativo conviene tener presente: a) que las cifras disponibles no son siempre homogéneas e igualmente representativas,[97] b) que el contrabando ha jugado y juega todavía hoy un papel importante en los intercambios. Al considerar las series en valor enfrentamos nuevos problemas: es necesario expresarlas en una unidad monetaria homogénea (la libra esterlina o el dólar) y no siempre reflejan enteramente las fluctuaciones de precios en los mercados internacionales.[98] Pero el número reducido de productos de exportación hace que podamos partir, en la mayoría de los casos, de un estudio del volumen físico exportado.

La curva de exportaciones del café brasileño (gráfico 9) representa, en cierto modo, el comportamiento típico de casi todos los productos exportables. La tendencia de larga duración queda

97. Ver las observaciones de James W. Wilkie, *Statistics and National Policy,* suplemento 3 (1974) del *Statistical Abstract of Latin America,* Universidad de California, Los Ángeles, 1974, parte II-B.
98. Esto se debe a que las oficinas de estadísticas valuaban las exportaciones con tablas de aforo y no con los precios del mercado internacional. Ver, por ejemplo, Jorge E. Rodríguez y W. P. McGreevey, «Colombia: comercio exterior, 1835-1962», en Miguel Urrutia y Mario Arrubla (eds.), *Compendio de Estadísticas Históricas de Colombia,* Universidad Nacional de Colombia, Bogotá, 1970, pp. 106-209; R. Cortés Conde, H. Gorostegui de Torres y T. Halperín Donghi, *Evolución del comercio exterior argentino, exportaciones (1864-1963),* Facultad de Filosofía y Letras de la Universidad de Buenos Aires, Buenos Aires, 1965 (mimeografiado). Por esto las cifras del siglo XIX, a menos que estén respaldadas por una crítica cuidadosa, deben utilizarse con mucha prudencia.

fielmente representada por una curva de crecimiento retardado (curva de Gompertz o logística): la tasa de incremento, luego de alcanzar niveles elevados, decrece a lo largo del tiempo y se estabiliza cerca de cero.

El gráfico 10 presenta las tasas de crecimiento y decrecimiento del volumen exportado de café, petróleo, azúcar, cobre, salitre, cacao y henequén en diferentes países latinoamericanos.[99] A excepción del cobre y el petróleo, todos los productos llegan, en algún punto, a una fase de crecimiento retardado.

La evolución de las exportaciones de café ilustra tres situaciones diferentes. Brasil conoce un primer auge (1820-1860) con las plantaciones del valle del Paraíba trabajadas con mano de obra esclava; sigue un interludio en que el ritmo de expansión de la producción y las exportaciones declina; entre 1874 y 1909 nueva expansión, basada esta vez en la incorporación de la planicie paulista. La superproducción, durante la primera mitad del siglo xx, y la política de «valorización» inmediatamente aplicada, reducen drásticamente el ritmo de aumento de la producción a partir de 1909. Colombia ofrece el ejemplo de una economía cafetalera que, aunque data del siglo xix —las primeras exportaciones se registran en 1835—, se configura y se expande plenamente re-

99. El gráfico 10 se elaboró de acuerdo al procedimiento siguiente: 1) las series originales fueron representadas en curvas semilogarítmicas; 2) se determinaron, gráficamente, los períodos de ascenso o descenso de dichas curvas; 3) los valores de cada período se ajustaron a una función exponencial, de la cual se derivaron la tasa del crecimiento y el r^2 para medir la bondad del ajuste. El procedimiento seguido tiene la ventaja de que, a diferencia de lo que ocurre cuando se mide el crecimiento con la tasa de crecimiento geométrico (o de interés compuesto), hace intervenir a todos los valores de la serie y no sólo a los de los puntos extremos.

Las fuentes del gráfico 10 son las siguientes: Affonso de E. Taunay, *Pequena História do Café no Brasil,* Departamento Nacional do Café, Río de Janeiro, 1945; Diego Monsalve, *Colombia Cafetera,* Artes Gráficas Sucesores de Heinrich y Co., Barcelona, 1927; Miguel Izard, *Series Estadísticas para la historia de Venezuela,* Universidad de los Andes, Mérida, 1970; Ramiro Guerra, *Azúcar y población...,* op. cit.; *Estadística Minera de Chile en 1910,* Sociedad Nacional de Minería, Santiago, 1911; Luis Alberto Carbo, *Historia Monetaria y Cambiaria del Ecuador desde la época colonial,* Quito, 1953; Cepal, *Estudio Económico de América latina,* 1949, Nueva York, 1950. Cuando fue del caso las cifras se completaron, en el período más reciente, con las estadísticas de comercio exterior oficiales de cada país.

cién después de 1900. En realidad, el auge más fuerte —los años
1910-1940— coinciden con la declinación brasileña. Venezuela
conoció un primer ciclo de ascenso y caída de las exportaciones
de café entre 1830 y 1856, que fue comentado en el capítulo
anterior. La expansión moderada, a fines del siglo XIX, es sucedida
por una larga contracción, acelerada después de 1930. Este fenómeno es paralelo al vertiginoso ascenso de las exportaciones
petroleras entre 1925 y 1970. En suma, Colombia ejemplifica un
«despegue» cafetalero tardío, motivado en gran parte, por los
trastornos políticos internos y la fragmentación regional, Venezuela ilustra lo que podríamos llamar un «despegue» frustrado,

GRÁFICO 9

Exportaciones de café de Brasil (1820-1966)

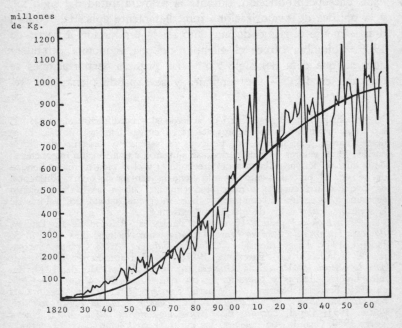

FUENTES: Ver nota 99.

GRÁFICO 10

*Tasas de crecimiento de las exportaciones
de nueve productos básicos (en volumen físico)
en siete países de América latina (siglos XIX y XX)*

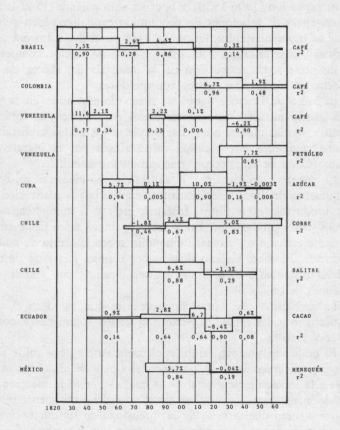

Para las fuentes y los métodos utilizados ver nota 99.

condicionado por una agricultura extensiva que agota sus posibilidades de expansión en una cascada de conflictos internos e incluso amenazas de intervenciones extranjeras. Sólo el *boom* petrolero abrirá nuevas vías después de la primera guerra mundial.

El azúcar de Cuba presenta dos fases definidas: el auge y declinación, bajo el esclavismo colonial, durante el siglo xix; la nueva expansión (1900-1930) y la crisis subsiguiente (1930-1958) en una época de relaciones de producción capitalistas bien definidas. Los problemas enfrentados son algo parecidos a los del caso de Brasil: superproducción mundial y caída de precios, competencia de otras zonas, expansión de la industria del azúcar de remolacha en los grandes países consumidores.

El cacao de Ecuador agotó su ritmo de expansión en la primera guerra mundial: las enfermedades del cultivo y el carácter extensivo de las plantaciones disminuyeron los saldos exportables en una coyuntura internacional caracterizada por el ingreso de Ghana (Costa de Oro) como gran productor mundial.

El henequén de México y el salitre chileno muestran un comportamiento similar. La declinación se explica por la sustitución de esos productos (otras fibras, fosfatos, etc.) y la competencia de nuevos países productores. En la fase expansiva tanto Chile como México ejercieron un virtual monopolio sobre la oferta de ambos productos. El cobre chileno ilustra, por último, el pasaje de una minería primitiva a otra altamente tecnificada y con grandes inversiones de capital.

La conclusión que parece imponerse es que, salvo en el caso del petróleo y del cobre, la expansión de los volúmenes exportados tocó a su fin.

El gráfico 10 incluye también el coeficiente r^2, que mide para cada tasa de crecimiento la bondad del ajuste de los datos originales a la función exponencial de la cual se derivó la mencionada tasa de incremento. Esto quiere decir que dicho coeficiente puede utilizarse como una medida de la intensidad de las fluctuaciones, en cada período, con respecto a la función que reproduce el comportamiento de la serie si ésta creciera o decreciera al ritmo promedio. Debe recordarse que el r^2 indica el porcentaje de la varianza total (de la curva bruta) que es explicado por la función calculada. Así, tomando como ejemplo el azúcar de Cuba, resulta que en el período 1850-1870, el 94 % del comportamiento de la curva original es explicado por la función exponencial; en otros términos, en esos años los datos brutos sólo se alejan un 6 % de la tasa de crecimiento promedio. En el período siguiente, 1870-1890, el coeficiente r^2 nos indica que sólo el 0,5 % de las variaciones son explicadas por la función exponencial; es decir, los datos originales se alejan en un 99 % de la tasa de crecimiento promedio. En resumen, cuanto más se acerca el coeficiente a 1, menores son las fluctuaciones con respecto al crecimiento promedio, y viceversa, cuando el r^2 se aproxima a cero.

Si analizamos ahora los valores asumidos por el r^2 constatamos: *a*) que los períodos de fuerte crecimiento ostentan pocas fluctuaciones; *b*) que las épocas de estabilización y estancamiento se caracterizan por amplias oscilaciones; *c*) que la declinación ofrece pocas fluctuaciones si es corta, y variaciones mucho más amplias si se inscribe en un período más largo.

El análisis por productos, considerando únicamente el volumen físico de la exportación, es insuficiente, sobre todo si se tiene en cuenta que hay países que exportan grupos de productos más que uno en particular. Es el caso de México (minerales variados, fibras y otros derivados de la agricultura tropical), Perú (minerales, lana, azúcar, algodón) y Argentina (cereales, lino, productos ganaderos). Debemos, por lo tanto, estudiar ahora el valor total de las exportaciones.[100] La información disponible, una vez elaborada, se presenta en los gráficos 11 y 12.[101] Para Argen-

---

100. Nos limitamos al valor total de las exportaciones porque es difícil hallar series de precios, por productos, que reúnan requisitos básicos en cuanto a homogeneidad, continuidad y validez. La historia económica de América latina requiere de un estudio que vuelva fácilmente accesibles series largas de las cotizaciones en Londres, Nueva York, etc., de los principales productos de exportación. Para un intento muy útil, lamentablemente limitado al período 1925-1966, cf. Joseph Grunwald y Philip Musgrove, *Natural Ressources in Latin American Development,* The John Hopkins Press, Baltimore-Londres, 1970.

101. Los gráficos 11 y 12 fueron construidos con el procedimiento ya detallado en la n. 99. La fuente del n.º 12 y de las series del n.º 11 en el período 1916-1971, es James Wilkie, *op. cit.,* parte II-B. Las demás fuentes del gráfico 11 son las siguientes: R. Cortés Conde, *et al., Evolución del co-*

tina, Brasil, Chile, Colombia y México fue posible construir series desde el siglo XIX. Para los demás países presentamos datos únicamente desde 1916. El análisis se restringe a las tasas de crecimiento o decrecimiento y el cálculo del r^2; el procedimiento es pues similar al que se acaba de emplear en los datos del volumen exportado y tiene la ventaja de obviar la utilización de procedimientos de deflación. Estos últimos implican problemas y dificultades muy complejos, que no podemos abordar en los límites de este trabajo.

Se observa, como era de esperar, un período de fuerte auge desde fines del siglo XIX hasta 1929, seguido de una crisis fuerte pero de duración relativamente corta. Argentina, Brasil, Chile, Guatemala, El Salvador y Costa Rica así lo ilustran. Colombia, Cuba y Honduras siguen el mismo esquema, pero inician la gran expansión recién en los años 1900. Otros países (las series disponibles sólo permiten observarlo estadísticamente en el caso de México) muestran la experiencia de una crisis más temprana y de duración más larga: México entre 1910 y 1940, el período de la revolución y las reformas estructurales que le siguieron; Nicaragua, la República Dominicana y Haití, ejemplificando en realidad una transición al capitalismo periférico y una integración al mercado mundial muy tardías; Bolivia, Ecuador, Uruguay y Paraguay enfrentando coyunturas adversas para sus exportaciones básicas desde la primera guerra mundial. Tres casos, por último, evolucionan en forma especial: Perú, sin conocer una expansión parecida a la de otros países, pero sin llegar a la declinación hasta 1929; Venezuela, sin crisis en los años treinta; Panamá con exportaciones estancadas hasta 1944, pero con la particularidad de derivar la mayor parte de sus ingresos de los servicios del canal y no de la exportación de mercancías.

mercio..., op. cit.; Anuário Estadístico do Brasil, 1953; Guillermo Subercaseaux, Monetary and Banking Policy of Chile, At the Clarendon Press, Londres, 1922; Aníbal Pinto Santa Cruz, Chile, un caso de desarrollo frustrado, Editorial Universitaria, Santiago, 1959; Jorge E. Rodríguez y W. P. McGreevey, «Colombia: Comercio...», op. cit.; Estadísticas Económicas del Porfiriato: Comercio Exterior de México, 1877-1911, El Colegio de México, México, 1960.

GRÁFICO 11

Tasas de crecimiento de las exportaciones (en valor)
en Argentina, Brasil, Chile, Colombia y México (siglos XIX y XX)

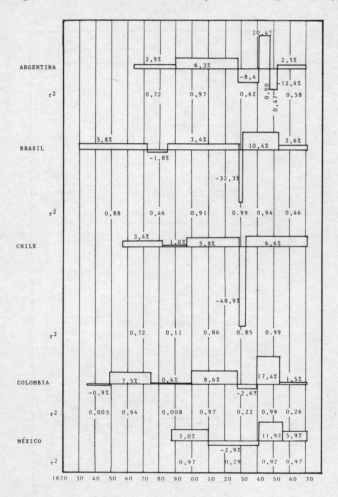

Fuentes y metodología, ver nota 101.

GRÁFICO 12

Tasas de crecimiento de las exportaciones (en valor) en Perú, Venezuela, Ecuador, Uruguay, Paraguay, Bolivia, Panamá, Guatemala, El Salvador, Honduras, Costa Rica, Nicaragua, Cuba, R. Dominicana y Haití (1916-1972; salvo en el caso de Cuba: 1899-1958)

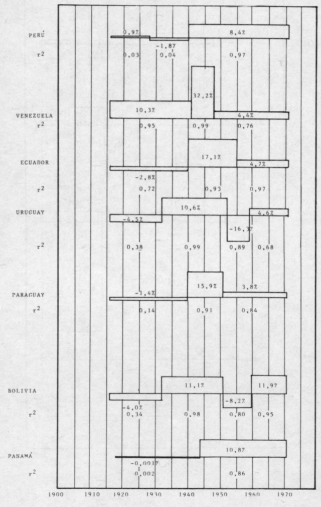

Fuentes y metodología, ver nota 101.

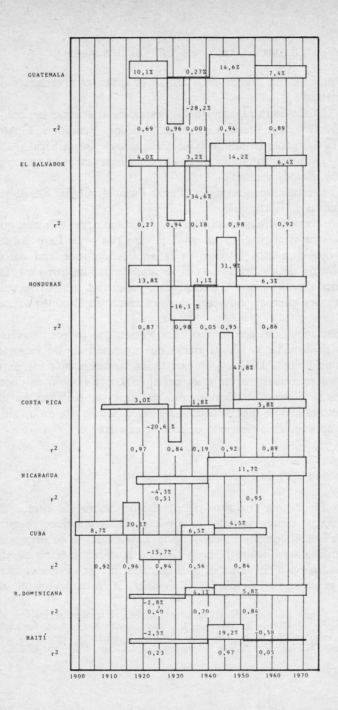

A partir de la década de 1930 se observan tres variantes de crecimiento:

a) Crecimiento rápido, que se desacelera al avanzar la década de 1950 (México, Brasil, Colombia, Ecuador, Venezuela, Guatemala, El Salvador, Honduras, Cuba, Paraguay y Costa Rica).

b) Crecimiento rápido alternado con fuertes crisis (Argentina, Uruguay, Bolivia y Haití).

c) Crecimiento sostenido (Perú, Panamá, Chile, República Dominicana y Nicaragua).

Este comportamiento obedece a un cúmulo de factores que sólo pueden detallarse en un análisis caso por caso. Pero parece haber dos elementos básicos en la explicación: por una parte, la evolución de los precios en el mercado mundial, por otra, las tensiones desatadas por el crecimiento industrial, con su secuela de reajustes internos, que casi siempre afectaron al sector exportador.

Conviene notar, por último, otra lección que parece derivarse de los gráficos 11 y 12. El ritmo de expansión de las exportaciones posterior a 1940 es, en casi todos los casos, más fuerte, o al menos equivalente al de fines del siglo XIX. Es obvio entonces que los problemas económicos más recientes se originan en un complejo campo de fuerzas internas y externas más que en un simple comportamiento perverso del sector exportador.

Producción agrícola y alimentos básicos

Establecido un conjunto de precisiones sobre los ritmos de expansión y contracción del sector exportador conviene preguntarse sobre el comportamiento de la agricultura de subsistencia, más precisamente sobre la evolución de la oferta interna de alimentos básicos.[102] El tema es de particular interés ya que el auge de las exportaciones significó, casi siempre, desplazamientos impor-

---

102. Para una discusión sobre la polisemia del término agricultura de subsistencia, cf. Clifton R. Wharton Jr., «Subsistence Agriculture: Concepts and Scope», en Clifton R. Wharton Jr. (ed.), *Subsistence Agriculture and Economic Development,* Aldine Publishing Co., Chicago, 1969, pp. 12-20.

tantes de recursos en favor de estas actividades; y en una segunda fase, el desarrollo urbano e industrial no hizo sino acentuar dichos desplazamientos en un contexto de población creciente. La única excepción la constituyen países como Argentina, y en menor grado Uruguay, especializados en las exportaciones de agricultura templada, es decir, de alimentos básicos. No debe perderse de vista que el mercado interno de alimentos juega un papel esencial en la determinación de las condiciones de reproducción de la fuerza de trabajo y en la fijación de los niveles de salarios.

Desgraciadamente, el estudio de este sector enfrenta serios problemas de documentación. Las estadísticas nacionales han prestado a los alimentos básicos una atención considerablemente menor que la que otorgaron a las exportaciones; los censos agrícolas son raros en el siglo xix y aún antes de 1940; las estimaciones referentes a las cosechas son siempre aproximadas y muchas veces dudosas. Por otra parte, la misma naturaleza de la actividad hace difícil la medición, dada la importancia del autoconsumo. Pero, aun logrando datos relativamente buenos sobre la producción agrícola, queda por solucionar el problema, no menos arduo, de los precios antes de poder efectuar comparaciones en el tiempo y entre países.

Las dificultades de documentación nos llevaron a limitar nuestro estudio al período posterior a 1930, con la única excepción de México, país éste para el cual existen estadísticas criticadas y más confiables desde el Porfiriato (1877-1911). El problema de los precios fue obviado siguiendo el método propuesto por Colin Clark y Margaret Haswell [103] de convertir la producción física a kilogramos de trigo, calculando después la proporción de kg/por año/y por persona. Se seleccionaron seis alimentos básicos en América latina: el maíz, el trigo, la papa, la yuca, el arroz y los frijoles; luego, la producción promedio en 1934-1938, 1948-1950 y 1961-1965 fue convertida a kilogramos de trigo *per capita* con la tabla de ponderaciones de Clark y Haswell. Los resultados se presentan en el cuadro 14.

---

103. Cf. Colin Clark y Margaret Haswell, *The Economics of Subsistence Agriculture*, MacMillan, Londres, 1970⁴, cap. IV y p. 240.

CUADRO 14

Producción de alimentos básicos (maíz, papas, frijoles, yuca, arroz y trigo) en kg de equivalente-trigo por habitante

	Kg por habitante		
	1934-38	1948-50	1961-65
Bolivia	67	104	182
Brasil	202	231	276
Chile	268	231	228
Colombia	88	121	109
Cuba	31	60	52
Costa Rica	67	91	97
R. Dominicana . . .	120	78	62
Ecuador	67	70	125
El Salvador	89	118	67
Guatemala	110	128	139
Haití	11	35	60
Honduras	144	145	129
Nicaragua	45	80	106
Panamá	4	169	148
Paraguay	198	285	229
Perú	155	181	168
Venezuela	87	81	76

FUENTES: FAO, *Production Yearbook, 1953 y 1970* (datos sobre la producción y la población).

Colin Clark y Margaret Haswell, *The Economics of Subsistence Agriculture*, MacMillan, Londres, 1970[4], p. 240 (tabla de ponderaciones para efectuar las conversiones a equivalente-trigo).

ADVERTENCIA: Las cifras de producción corresponden a promedios de los años indicados; las de población al año central de cada período.

Es obvio que los datos utilizados subestiman la oferta real de alimentos ya que no incluyen los productos ganaderos, las frutas, etc. Pero es claro también que estos otros rubros no ocupan un lugar predominante en la dieta de la mayoría de la población latinoamericana. Es probable, en cambio, que los datos reflejen más bien la producción agrícola comercial y que omitan ampliamente la proporción autoconsumida. Pero aun con estas limitaciones, el cuadro 14 arroja resultados de interés.

Clark y Haswell, siguiendo investigaciones de E. de Vries,[104]

CUADRO 15

Producción de alimentos básicos (maíz, papas, frijoles, arroz y trigo) en México, medida en kg de equivalente-trigo por habitante (1877/1961-1965)

Años *	Kg por habitante	Cambio porcentual
1877	273	
1892-99	148	—46 %
1900-07	151	2 %
1925-29	210	39 %
1934-38	150	—29 %
1948-50	125	—17 %
1961-65	209	67 %

* Las cifras se refieren, salvo en 1877, a promedios de la producción divididos por la población calculada en el año central de cada período.

FUENTES: Colin Clark y Margaret Haswell, *op. cit.*, Estadísticas económicas del Porfiriato: *Fuerza de trabajo y actividad económica por sectores*, Seminario de Historia Moderna de México, El Colegio de México, s. f.

104. *Op. cit.*, pp. 63-66.

CUADRO 16. — *Rendimiento por hectárea del maíz, la papa y los frijoles (países de América en períodos seleccionados, quintales de 100 kg por hectárea)*

Países	Maíz			Papas			Frijoles		
	1934-38	1948-52	1961-65	1934-38	1948-52	1961-65	1934-38	1948-52	1961-65
Argentina	18,1	16,3	17,6	58	63	97	10,7	9,6	10,5
Bolivia	s.d.	13,9	11,9	35	45	58	14,6	8,3	8,0
Brasil	13,9	12,6	12,9	67	48	59	8,7	6,8	6,6
Chile	13,8	14,2	24,1	85	96	88	8,5	9,2	9,7
Colombia	9,0	10,3	11,1	46	95	108	5,0	5,3	5,5
Cuba	s.d.	8,8	9,9	79	86	120	s.d.	5,3	8,5
Costa Rica	5,7	13,2	10,1	35	54	97	5,6	4,1	3,8
R. Dominicana	s.d.	10,4	14,8	s.d.	98	152	s.d.	8,7	7,1
Ecuador	s.d.	7,2	6,2	37	40	87	s.d.	8,9	5,1
El Salvador	10,7	10,5	10,8	s.d.	33	56	9,1	8,1	5,7
Guatemala	9,9	8,1	8,5	28	30	54	7,5	4,7	6,3
Haití	s.d.	7,5	7,8	s.d.	s.d.	s.d.	s.d.	6,5	6,7
Honduras	10,5	7,3	7,9	s.d.	18	20	6,9	4,4	4,4
México	5,6	7,5	10,5	48	45	79	2,0	2,6	4,2
Nicaragua	9,2	10,3	8,6	s.d.	36	43	s.d.	6,6	7,2
Panamá	s.d.	9,6	8,3	s.d.	59	64	s.d.	5,4	2,7
Paraguay	10,3	12,1	12,8	s.d.	47	38	s.d.	8,3	7,6
Perú	16,1	14,4	14,5	29	57	58	s.d.	9,1	9,4
Uruguay	6,3	6,1	6,4	41	40	47	4,2	4,7	6,5
Venezuela	13,8	9,8	10,8	16	24	80	s.d.	5,7	4,7
Estados Unidos	14,0	24,9	41,6	78	161	224	9,3	11,8	14,3

s.d.: sin datos. FUENTE: FAO, *Production Yearbook*, 1953 y 1970.

establecieron un modelo que relaciona el nivel de la producción agrícola y ganadera, medido en kg, de trigo por persona y por año, con el tipo de agricultura posible. Así, en menos de 300 kg tenemos una agricultura sumamente primitiva, obligada al autoconsumo exclusivo; entre 300 y 500 kg se sitúa una agricultura igualmente primitiva pero con algunas posibilidades comerciales; de 500 a 700 kg es posible el empleo de animales de tiro; y recién por encima de los 750 kg se encuentra una combinación de agricultura y ganadería (*mixed farming*), que se aproxima al ejemplo de Europa occidental y América del norte. Si volvemos ahora nuestra atención al cuadro 14 constatamos que, aun duplicando las cifras —lo que cubriría con creces la subestimación de la oferta real de alimentos a que se aludió más arriba—, estamos lejos del límite de 750 kg. Este último debería ser interpretado, más que como una simple reproducción del *mixed farming* europeo o norteamericano, como la posibilidad de una agricultura con rendimientos crecientes.

Podemos valorar ahora, en todo su significado, los datos del cuadro 16 sobre rendimientos por hectárea de tres cultivos básicos: el maíz, la papa y los frijoles. La comparación con la agricultura norteamericana es, en cada caso, abrumadoramente ilustrativa. Rendimientos declinantes, estancados, o con aumentos de poca significación en los países de América latina, frente a incrementos sustanciales en los Estados Unidos.

El recurso a la importación de alimentos ha sido, en buen número de países, indispensable, y la rigidez en la oferta de bienes de consumo popular ha generado, en los últimos cien años, fuertes presiones inflacionarias.[105] Los datos relativos a México (ver cuadro 15) nos permiten seguir en un período largo la disponibilidad de alimentos básicos. Aunque es posible que las estimaciones de la producción en 1877 sean algo exageradas,[106] queda fuera de duda que bajo el Porfiriato hubo, en el mejor de los casos, un estancamiento, y que entre los años 1920 y el período

105.   Cf. O. Sunkel *et al.*, *Inflación y estructura económica*, Paidós, Buenos Aires, 1967.

106.   Cf. John Coatsworth, «Acerca de la producción de alimentos en el Porfiriato», en *Historia Mexicana*, octubre-diciembre de 1976.

1948-1950 se produjo un empeoramiento considerable. En 1961-1965 la situación era igual a la de 1925-1929.

Lo anterior nos lleva a concluir que la producción de granos básicos apenas logró —en el mejor de los casos— seguir el ritmo de aumento de la población. En las peores situaciones, fue necesario importar grandes cantidades de alimentos. Los países del primer grupo ejemplifican una situación en la cual una agricultura eminentemente «tradicional», es decir, que no incorpora progreso técnico, logra responder positivamente al aumento demandado por la población creciente. Como ha subrayado Celso Furtado, esto sólo puede ser posible en un contexto de frontera agrícola abierta, y, a largo plazo, entraña en cualquier país la destrucción de importantes recursos naturales.[107] Por la segunda alternativa atraviesan, en mayor o menor grado, todos los países de América latina, sobre todo cuando climas adversos afectan las cosechas. No deja de ser significativo que, para el conjunto de la región, un índice comparativo con base 100 en el período 1948-1952 revela que en 1960 el volumen de importaciones de productos agropecuarios fuera de 134 y en 1965 de 170; en los mismos años, el índice del volumen de las exportaciones agropecuarias fue, respectivamente, de 128 y 139.[108]

107. Celso Furtado, «Agricultura y desarrollo económico: consideraciones sobre el caso brasileño», en *El Trimestre Económico,* n.º 153, 1972, pp. 13-36, aquí, pp. 26-27. Este artículo constituye una crítica brillante a autores como W. Nicholls o Antonio Castro que alaban, insistentemente, la «funcionalidad» de la agricultura latinoamericana en el proceso de desarrollo económico.

108. Clyde Mitchell y Jacobo Schatan, «La agricultura en América latina: Perspectivas para su desarrollo», cuadro XXVI, p. 150, en *El desarrollo agrícola de América latina en la próxima década,* Mesa redonda, Banco Interamericano de Desarrollo, Washington, D.C., abril de 1967, pp. 45-156. Ver este informe para amplios detalles sobre los bajos niveles de tecnificación, consumo de fertilizantes, utilización de la tierra agrícola aprovechable, el potencial de riego, etc., en las décadas de 1950 y 1960.

El desarrollo industrial [109]

Un rápido examen de la situación de la industria latinoamericana en los últimos veinte años revela dos rasgos característicos: profundas diferencias en los niveles de industrialización; una concentración de la producción industrial del subcontinente en los países más grandes y de industrialización más antigua. El segundo aspecto es el de más fácil demostración. México, Brasil y Argentina aportaban en 1950, el 72,4 % de la producción manufacturera de toda la región; en 1975 la proporción fue de 77,8 %; las industrias de Colombia, Chile, Perú y Venezuela representaban, en esos mismos años, 18,1 y 15,8 % respectivamente; el resto de América latina contribuía con 9,4 % en 1950 y 6,5 % en 1974.[110] En cuanto a los niveles de industrialización, las cifras demasiado agregadas como los porcentajes calculados sobre el producto bruto interno, deben manejarse junto con otras que revelen aspectos básicos de la estructura industrial. El cuadro 17 ha sido construido siguiendo estos criterios; [111] clasifica los países según el tipo de estructura industrial a finales de los años 1960, y sitúa cronológicamente el período en que se inicia el proceso de industrialización.

La sustitución de importaciones ha configurado una pauta básica en el desarrollo industrial, representada por la secuencia siguiente: [112] bienes de consumo no duraderos (alimentos, textiles,

109. Cf. Cepal, *El proceso de industrialización en América latina,* Nueva York, 1965; Adolfo Dorfman, *La industrialización en la América latina y las políticas de fomento,* F.C.E., México, 1967; A. O. Hirschman, «La economía política de la industrialización a través de la sustitución de importaciones en América latina», en Albert O. Hirschman, *Desarrollo y América latina. Obstinación por la esperanza,* trad. María T. Márquez y M. Sánchez Sarto, F.C.E., México, pp. 88-123; Joseph Grunwald, «Some Reflections on Latin American Industrialization Policy» en *The Journal of Political Economy,* vol. 78, julio-agosto, 1970, pp. 826-856.

110. Datos de Cepal, *Estudio Económico de América latina 1976,* Santiago de Chile, 1977, p. 448.

111. Hemos utilizado, en parte, como se indica en el cuadro n.º 12, los criterios elaborados por Jean-Marie Martin en el cap. sobre la industria de D. C. Lambert y J. M. Martin, *L'Amérique Latine. Economies et Sociétés,* Armand Colin, París, 1971, pp. 305-380. En su brevedad este capítulo constituye el mejor balance general disponible sobre la evolución de la industria y sus problemas en la década de 1960.

112. *Op. cit.,* p. 335; A. Dorfman, *op. cit.,* pp. 77-90.

CUADRO 17

América latina: Estructura industrial a fines de la década de 1960 y duración del proceso de industrialización

Estructura industrial a fines de la década de 1960 (1)	Época en que se inicia el proceso de sustitución de importaciones (2)								
	1890	1900	1910	1920	1930	1940	1950	1960	1970
Avanzada	Argentina Brasil México								
Intermedia	Chile			Colombia	Uruguay	Venezuela Perú			
Incipiente						Bolivia Ecuador Paraguay R. Dominicana Haití Panamá C. A. (Guatemala Honduras El Salvador Nicaragua Costa Rica)			

(1) *Estructura industrial a fines de la década de 1960, criterios de clasificación.*

Avanzada: *a*) La industria manufacturera aporta más del 20 % del producto interno bruto. *b*) Más del 50 % del producto industrial pertenece a industrias dinámicas (papel y derivados, caucho, química, industrias metálicas, mecánicas, construcción eléctrica y material de transporte). *c*) Más del 50 % del valor agregado industrial deriva de establecimientos de más de 100 trabajadores.

Incipiente: *a*) La industria manufacturera aporta menos del 16 % al producto interno bruto. *b*) Más del 70 % del producto industrial pertenece a industrias tradicionales: alimentación, bebidas, textiles, vestido y calzado, cuero y pieles, muebles y menaje); bienes de equipo relativamente simples (maquinaria agrícola, piezas de fundición, equipo para la industria textil, etc.); bienes intermedios de amplio uso (cemento, acero, química tradicional); bienes de consumo durables (automóviles, electrodomésticos, etc.); bienes de equipos complejos (motores diesel, equipo industrial, industria eléctrica); bienes intermedios de uso en la industria avanzada (aceros especiales, metales no ferrosos, petroquímica). El orden de sustituciones no es rigurosamente lineal, y existen obviamente superposiciones, avances y retrocesos. Por otra parte, la secuencia, que se formula a partir de la experiencia de Argentina, Brasil y México, sólo es esperable en países «grandes» en cuanto a tamaño real y potencial del mercado y el acervo de recursos disponibles; en otros términos, sólo en países con esas características es posible un proceso de sustitución más o menos «completo». Los mapas 16 y 17 ilustran también —a través de la distribución espacial de los husos y los telares mecánicos empleados en el textil de algodón y de las plantas de la industria siderúrgica— esta situación.

---

madera y muebles, cueros y pieles, imprenta. *c*) El artesanado (establecimiento de 1 a 5 empleados) contribuye en un 40 % al valor agregado industrial.

Estos criterios, los datos para ubicar a los países y la idea de construir un cuadro en base a las dimensiones (1) y (2) se toman del capítulo de J. M. Martin, en D. C. Lambert y J. M. Martin, *L'Amérique Latine, Economies et Sociétes*, A. Colin, París, 1971, pp. 311-329.

(2) *Época en que se inicia el proceso de sustitución de importaciones.* Las indicaciones son aproximadas; sólo para los años posteriores a 1950 se dispone, en todos los países, de datos más o menos confiables que permitirían manejar un criterio cuantitativo homogéneo como el porcentaje de la industria manufacturera en el producto interno bruto, etc.

La bibliografía consultada para fijar las fechas, es, además de los textos de la CEPAL indicados en la nota 109, la siguiente:

Argentina: V. Vázquez Presedo, *El caso argentino*, Eudeba, Buenos Aires, 1971. *México*: Fernando Rosenzweig, «El desarrollo económico de México de 1877 a 1911», en *El Trimestre Económico*, vol. 32, México, 1965, pp. 405-545. *Chile*: Óscar Muñoz, «Estado e industrialización en el ciclo de expansión del salitre», *Estudios de Cieplan*, n.° 6, Santiago, enero de 1977. *Brasil*: Albert Fishlow, «Los orígenes y consecuencias de la sustitución de importaciones en Brasil», en *Economía Internacional y Desarrollo*, estudios en honor de Raúl Brebisch, Depalma, Buenos Aires, 1974, pp. 343-405. *Colombia*: W. P. McGreevey, *An Economic History of Colombia, 1845-1930*, At the University Press, Cambridge, 1971.

La dependencia tecnológica constituye, sin duda, la característica más significativa de la industrialización latinoamericana. Su impacto está lejos de reducirse a un peso cada vez más agobiante sobre la balanza comercial, con la consiguiente presión sobre los pagos internacionales y el recurso obligado al financiamiento externo. La ausencia de una tecnología propia inhibe mecanismos cruciales de retroalimentación sobre la productividad del trabajo (desarrollo de nuevas habilidades, actitudes, etc.) [113] y cierra un círculo integrado por las inversiones extranjeras en la industria, la transferencia de tecnología y la subutilización de la capacidad instalada.[114] La estructura industrial resultante se caracteriza por una absorción muy baja de mano de obra, costos de producción que no son competitivos en el mercado mundial —y es difícil por lo tanto pasar a «sustituir exportaciones», es decir, a exportar manufacturas—, y un mercado interno limitado. Estamos lejos, en consecuencia, del mecanismo multiplicador, típico de la industrialización británica o norteamericana, por el cual los cambios continuos en la tecnología y la división social del trabajo presionaron hacia un incremento del ingreso y de la demanda, creando así los mecanismos de un crecimiento autosostenido, aunque sujeto a severas fluctuaciones periódicas. Baste como ejemplo las dificultades enfrentadas por las industrias de base, como la siderurgia o la petroquímica. La intervención del Estado —motivada a menudo por intereses de orden militar— [115] y la abundancia relativa de recursos han determinado casi siempre la factibilidad o no de esos sectores industriales. En estos y otros casos, la ausencia de la ecuación: investigación científica/tecnología aplicada, parece ser un limitante mucho más significativo que la carencia o abundancia de recursos naturales.

Es probable que una investigación histórica sobre las raíces de la dependencia tecnológica latinoamericana arroje nuevas luces sobre la inestabilidad y los «cuellos de botella» del desarrollo indus-

113. Cf. N. Rosenberg, *art. cit.*
114. La subutilización de la capacidad instalada es particularmente importante en la industria de automóviles, cf. J. M. Martin, *op. cit.*, p. 350.
115. Cf. Marta Panaia y Ricardo Lesser, «Las estrategias militares frente al proceso de industrialización (1943-1947)», en Marta Panaia, *et al.*, *op. cit.*, pp. 81-164.

MAPA 16

La industria textil en América latina en 1965:
husos y telares automáticos destinados a los tejidos de algodón

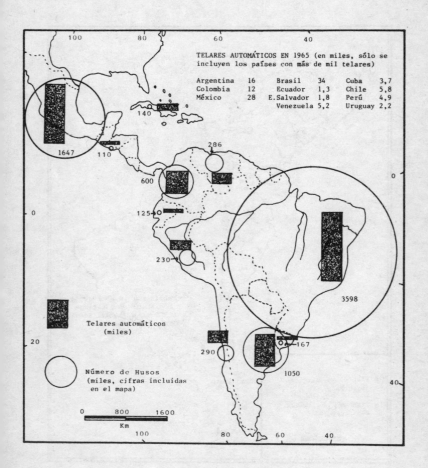

FUENTE: *América en cifras, 1967,* Unión Panamericana, Washington.

MAPA 17

La industria siderúrgica en América latina hacia 1970:
plantas integradas y semiintegradas

FUENTE: Alan Gilbert, *Latin American Development. A Geographical*
Perspective, Penguin Books, Hardmondsworth, 1974, p. 2.

trial. Las causas pueden rastrearse en el tipo de educación delineado por las reformas liberales, pero, calando más hondo la explicación provendrá de la naturaleza misma del crecimiento exportador, basado en la incorporación de factores (tierra, trabajo), y no en la adopción de tecnologías que aseguren aumentos encadenados en la productividad del trabajo.

Las reflexiones anteriores nos llevan a sostener que un análisis sobre las consecuencias de las inversiones extranjeras no puede plantearse independientemente de los aspectos, a nuestro juicio más significativos, de la dependencia tecnológica. En otras palabras, las consecuencias —a veces negativas para el conjunto del desarrollo capitalista de un país (por supuesto que no para la empresa individual)— de las primeras sólo pueden entenderse a la luz de la segunda.[116]

El contexto que se acaba de describir permite entender también por qué la integración regional (ALALC, Mercomún, etc.) constituye una salida al *impasse* de la industrialización sin cambios estructurales, es decir, sin salir del engranaje circular que se mencionó párrafos atrás.

¿Cuáles han sido las fases, incentivos y ritmos de la industrialización latinoamericana? En México, Brasil, Argentina y Chile, el proceso de industrialización es paralelo a la expansión exportadora y se afianza entre finales del siglo XIX y la primera guerra mundial.[117] Lo mismo puede afirmarse en los casos de Colombia y Uruguay, con la salvedad de que el proceso cobra auge algo más tarde: en las décadas de 1910 y 1920; pero ello también corres-

---

116. Cf. Para una evaluación del rol de las inversiones extranjeras, Albert Hirschman, «Cómo y por qué desinvertir en la América latina», en *Desarrollo...*, op. cit., pp. 218-244.

117. Ver las fuentes del cuadro 17; además, Nathaniel H. Leff, «Tropical Trade and Development in the Nineteenth Century: The Brazilian Experience», en *Journal Political Economy*, vol. 81, mayo-junio 1973, pp. 678-696; del mismo autor «El desarrollo económico del Brasil a largo plazo», en *El Trimestre Económico*, n.º 147, 1970, pp. 551-573; Ezequiel Gallo, «Agrarian Expansion and Industrial Development in Argentina (1880-1930)», Instituto Di Tella, documento de trabajo, n.º 70, Buenos Aires, 1970; Lucio Geller, «El crecimiento industrial argentino hasta 1914 y la teoría del bien primario exportable» en *El Trimestre Económico*, n.º 148, 1970, pp. 763-811.

ponde a un despegue de las exportaciones más tardío.[118] En el resto de América latina la industrialización es mucho más reciente. ¿Qué factores favorecieron la sustitución de importaciones? Si nos atenemos a la experiencia de Argentina, Brasil y México hay que mencionar, por una parte, ciertas coyunturas favorables: inflaciones como la del Mil-réis brasileño a fines del siglo XIX, crisis en el comercio exterior (guerras mundiales, depresiones como la de 1929 y, en general, situaciones críticas en la balanza de pagos), eventualmente la política aduanera.[119] Por otra, un contexto estructural definido básicamente por el tipo y la intensidad del desarrollo urbano, el tamaño potencial del mercado interior (que depende de la división social del trabajo y la distribución del ingreso), los costos relativos del comercio interno (fletes, problemas de mercadeo, etc.) y la oferta de materias primas (algodón, fibras, etc.). Al considerarse casos como el de Chile, o más tarde Venezuela, la intervención del Estado adquiere una importancia singular [120] a través de «enlaces fiscales» de dos tipos: demanda de bienes de la industria, ampliación del mercado interno a través de la creación de empleos. El proceso de urbanización debe explicarse prestando atención a dos órdenes de factores: la demanda de servicios, y eventualmente de cierto tipo de bienes, del sector exportador; y el tipo de articulación entre el sector exportador y la agricultura

118. Cf. Raúl Jacob, *El Uruguay en la crisis de 1929,* algunos indicadores económicos, Fundación de cultura universitaria, Montevideo, 1977; Gabriel Poveda Ramos, «Historia de la industria en Colombia», en *Revista Trimestral de la Asociación Nacional de Industriales,* n.° 11, 1970.

119. Grunwald (art. cit. en n. 109) muestra que no hubo política proteccionista. Pero el nivel de la tarifa podía ser elevado y crear un «espacio» para la sustitución de importaciones; este factor puede ayudar a explicar cómo las dificultades en ciertas sustituciones provocan «cuellos de botella» en la expansión de otras ramas industriales, ya que es obvio que el mencionado «espacio» no obedeció a previsión o planificación alguna. Para un examen detallado sobre la incidencia de la tarifa en la industrialización argentina, cf. Carlos F. Díaz Alejandro, *Essays on the Economic History of the Argentine Republic,* Yale University Press, New Haven-Londres, 1970, pp. 277-308.

120. Cf. Óscar Muñoz Gomá y Ana María Arriagada, *Orígenes políticos y económicos del Estado empresarial en Chile,* Estudios de CIEPLAN, n.° 16, Santiago, septiembre, 1977. En Chile la intervención directa a través de CORFO data de la década de 1940.

de subsistencia, considerada en cuanto posible generadora de migraciones internas.

La industria incipiente sustituyó alimentos y bebidas importados o producidos internamente en forma artesanal, textiles, vestuario, etc. y materiales para la construcción. Esto explica, en esas primeras fases, la conexión estrecha entre expansión de las exportaciones y desarrollo industrial. No debe perderse de vista, sin embargo, que los dos sectores de mayor complejidad técnica, los ferrocarriles y las industrias de transformación de bienes primarios (frigoríficos, ingenios de azúcar, beneficios de café, etc.), no sólo fueron de tecnología íntegramente importada sino que tampoco originaron enlaces hacia atrás.[121] Esto quiere decir que ni la minería, ni la metalurgia del hierro y del acero, ni las industrias mecánicas, fueron incentivadas por la expansión ferroviaria. La madera para durmientes fue, probablemente, el único insumo ferrocarrilero que se produjo localmente; no es necesario holgar en detalles sobre el carácter exclusivamente depredador de esa explotación forestal.

Los comentarios anteriores han tratado de subrayar dos aspectos básicos del crecimiento industrial en América latina: a) la estrecha vinculación entre expansión exportadora e industrialización; b) la existencia de *transferencia* en lugar de *creación* de tecnología. Lo primero tiende a señalar que aunque en algunos casos el mayor auge industrializador se haya dado en períodos críticos del sector externo nunca existieron contradicciones estructurales entre ambos sectores.

C) NATURALEZA DEL CRECIMIENTO ECONÓMICO LATINOAMERICANO

En las secciones anteriores de este capítulo hemos tratado de incluir los elementos básicos que ayudan a entender la dinámica de la economía latinoamericana en los últimos cien años. Trata-

121. Cf. Notas 28 y 29.

CUADRO 18

*La población de América latina (1850-1970): tasas de crecimiento
promedio anual en períodos seleccionados (porcentajes)*

	1850-1900	1900-1930	1940-1950	1960-1970
Argentina	3,0	3,1	1,9	1,5
Uruguay	3,9	2,1	1,2	1,4
Brasil	1,8	2,2	2,6	2,8
Chile	1,6	1,4	1,6	2,3
Cuba	0,6	3,0	1,9	2,0
México	1,2	0,7	2,9	3,4
Perú	1,4	1,3	1,6	3,0
Guatemala . . .	1,0	0,7	3,2	2,8
Ecuador	1,1	1,5	2,2	3,3
Bolivia	0,4	0,8	1,9	2,3
Paraguay	—0,3	2,3	1,9	3,3
Colombia	1,1	2,2	2,5	3,3
Venezuela . . .	0,9	0,8	2,6	3,2
Haití	0,6	2,2	1,8	2,1
R. Dominicana . .	2,5	2,3	2,8	3,3
Costa Rica . . .	1,7	1,9	3,1	3,3
El Salvador . . .	1,7	1,5	1,6	3,2
Honduras . . .	0,5	2,6	2,1	2,3
Nicaragua . . .	0,8	1,7	2,4	2,9
Panamá	—	—	2,5	2,9
Puerto Rico . . .	1,5	1,6	1,6	1,8
América latina				
Tasa promedio . .	1,4	1,8	2,3	2,8
Tasa mediana . .	1,2	1,8	2,2	3,2
Población total (millones)	30,5 (1850)	61,0 (1900)	126,0 (1940)	277,8 (1970)

FUENTE: Nicolás Sánchez Albornoz, *La población de América latina*,
Alianza Editorial, Madrid, 1973, pp. 192 y 213.

ADVERTENCIA: Las tasas de los períodos 1850-1900 y 1900-1930 están
afectadas, en muchos casos, por cifras relativas a la población total, algo
inseguras.

remos, en lo que sigue, de entretejer esos hilos fundamentales en una trama global.

1. EL CRECIMIENTO DE LA POBLACIÓN

El cuadro 18 indica, para cada país y para el conjunto de América latina, las tasas de crecimiento medio anual de la población, para ciertos períodos, entre 1850 y 1960. Se incluyen también los totales de población en 1850, 1900, 1940 y 1970 y la mediana de las tasas de incremento en cada período.

Se perciben, con facilidad, dos patrones de evolución de las tasas: uno de declinación a largo plazo (Argentina, Uruguay y Cuba), otro (los demás países y el conjunto de América latina) de aumento sostenido. La comparación de las tasas medias y medianas correspondientes al subcontinente resulta ilustrativo. En los tres primeros períodos las diferencias entre ambas medidas no son muy apreciables, lo que equivale a afirmar que aproximadamente la mitad de los países tienen tasas superiores a la media (o mediana) mientras que la otra mitad se sitúa por debajo. Pero en la década de 1960-1970, once países tienen tasas de 3,2 % o más, mientras que la media del subcontinente es de 2,8 %. Es obvio, en consecuencia, que en la mayoría de los países latinoamericanos la población ha crecido continuamente desde 1850 y que, entrado el siglo XX, éste tiende a acelerarse. Para una mejor interpretación de las tasas de incremento, conviene recordar que con un crecimiento anual del 1 % la población se duplica en 70 años; con uno del 3 % lo hace en 23 años.[122]

¿Cómo se explica este aumento, particularmente elevado, de

122. Para calcular el número de años en que se duplica la población, o cualquier índice que crezca exponencialmente, se aplica la relación:

$$t = \frac{\log 2}{\log (1 + r)}$$

donde,
t = número de años
r = tasa de incremento expresada en forma decimal.

la población? [123] Conviene separar las situaciones en que el aporte inmigratorio internacional es muy significativo: las tasas elevadas de Argentina, Uruguay y Cuba entre 1850 y 1930 se deben, en gran parte, a las llegadas masivas de europeos; en Brasil, el fenómeno tiene un alcance sólo significativo a nivel regional y se refleja menos, dado el tamaño de la población total del país en las tasas de crecimiento. Fuera de esos casos, la inmigración internacional juega un papel secundario por lo cual la mayor parte del incremento poblacional debe atribuirse al aumento vegetativo.

Hay muchos indicios en el sentido de que, en el subcontinente, el auge demográfico se remonta al siglo XVIII; también se percibe, al menos para algunos países, un freno impuesto por las guerras de independencia y los incesantes conflictos civiles del período de transición. El nuevo despegue coincide, en todo caso, con el auge de las economías de exportación. Es obvio pues, que ambos fenómenos deben de estar estrechamente vinculados. Sin embargo resulta difícil ir más allá de esta constatación explicitando la naturaleza de dicha vinculación.

Dado el carácter excepcional, en el conjunto de Latinoamérica, de la ocupación de territorios vacíos con base en la inmigración de ultramar, una hipótesis como la de Ester Boserup (comentada en el capítulo 1) parece más adecuada a la mayoría de los casos. Un firme aumento vegetativo en la población habría posibilitado la explotación de nuevas tierras y recursos en función de la demanda creciente en el mercado mundial. Pero, ¿qué factores ayudaron a mantener esos ritmos de incremento demográfico? Es probable que éstos vayan asociados a mejoras en la infraestructura y los servicios, alguna difusión de adelantos médicos y sanitarios, la relativa estabilidad interna (las bajas tasas de Paraguay, México, Cuba y Venezuela en ciertos períodos reflejan de algún modo el impacto de los conflictos y guerras civiles), las nuevas oportunidades de trabajo derivadas de la economía de exportación, sobre todo cuanto éstas ocurrieron en zonas «nuevas», abiertas por la colonización. Pero la enumeración es incompleta y debería inte-

---

123.   Para éste y temas conexos cf. Nicolás Sánchez-Albornoz, *La población de América latina*, Alianza Editorial, Madrid, 1973, pp. 210-290.

grarse en un modelo, necesariamente complejo, de relaciones entre cambio económico y cambio demográfico.[124]

El crecimiento demográfico se acelera, notoriamente, después de 1930. La mayor disponibilidad de datos permite atribuir tal aceleración a dos factores: un descenso continuo en la mortalidad y una fecundidad elevada, que se mantiene constante y a veces aumenta.[125] Las tasas del cuadro 18, sobre todo si se las compara con la secuencia histórica de otros países y continentes,[126] muestran que no es exagerado hablar de explosión demográfica. Esto lleva, naturalmente, a plantear el problema de si existe o no un exceso poblacional, o si se cierne sobre nuestro futuro una «amenaza malthusiana».

Aunque no podemos establecer con claridad las causas del rápido incremento de la población en la última centuria, sí es seguro que éste fue funcional a la expansión del sector exportador: proporcionó los volúmenes de mano de obra requeridos por todos los sectores, lo cual permitió posponer la modernización de la agricultura que abastece el mercado interno de alimentos.[127] Esto equivale a afirmar que la expansión sostenida de la economía de exportación fue posible gracias a una particular articulación con la agricultura de subsistencia: ésta proporcionó alimentos y mano de obra al resto de la economía a través de una población creciente. El sistema, exitoso a largo plazo desde la perspectiva de los terratenientes, comerciantes y sectores medios urbanos, tuvo sin embargo dos debilidades, primero ocasionales y más tarde perma-

---

124.   Para un intento de aplicación al caso de Costa Rica, cf. H. Pérez Brignoli, «Las variables demográficas en las economías de exportación: el ejemplo del Valle central de Costa Rica, 1800-1850», ponencia presentada al Seminario de Cuernavaca sobre *Demografía y Modos de Producción,* organizado por el Instituto de Investigaciones Sociales de la UNAM, en abril de 1978.

125.   Cf. Eduardo E. Arriaga, *Mortality Decline and Its Demographic Effects in Latin America, University of California,* Berkeley, 1970.

126.   Cf. Colin Clark, *Crecimiento demográfico y utilización del suelo,* trad. Paredes Larrucea, Alianza Editorial, Madrid, 1968, cap. 3; W. D. Borrie, *Historia y Estructura de la Población Mundial,* trad. M. Sánchez, Ediciones Istmo, Madrid, 1972.

127.   Cf. Paul Israel Singer, *Dinámica de la población y desarrollo.* El papel del crecimiento demográfico en el desarrollo económico, trad. C. del Vecchio, Siglo XXI, México, 1976², p. 218 y pp. 71-99.

nentes. El crecimiento industrial apenas afectó a la agricultura de subsistencia, con lo cual la modernización de ese sector siguió posponiéndose; rendimientos decrecientes o aumentos insignificantes obligaron a recurrir, en muchos países, a la importación de alimentos. Como la población aceleró su crecimiento, en los últimos cuarenta años, las dificultades se sumaron en forma acumulativa: aumento del desempleo y de la población urbana marginal (villas, miseria, barriadas, etc.), sobre todo en las grandes urbes, deterioro relativo de las condiciones de vida de amplias mayorías.[128] Es obvio que si estos problemas se toman —como ocurre en las campañas pro control de la natalidad— como un indicador del exceso de población, esto sólo puede significar, racionalmente, que hay superpoblación con respecto a las estructuras económicas y sociales actuales.[129]

2. LOS RECURSOS NATURALES: DEPREDACIÓN PERMANENTE

La depredación de los recursos naturales ha sido una constante estructural en la historia económica de América latina. Desde el genocidio inicial hasta nuestros días la explotación de recursos, en su mayoría no renovables, ha tenido como características esenciales el hacerlo con el mínimo posible de tecnología y con una escasa preocupación por el agotamiento futuro. Esto significa que, casi siempre, una rentabilidad elevada estuvo asociada, únicamente, con la abundancia de recursos.

Este patrón de organización económica implantado por la colonización ibérica fue, paradójicamente, redefinido y ampliado por el triunfo del modo de producción capitalista. En otros términos, la integración definitiva al mercado mundial no implicó una

128.   La medición del deterioro, absoluto o relativo, en las condiciones de vida es muy dificultoso, y puede conducir a espejismos y engaños, cf. las observaciones de Colin Clark (*op. cit.*, pp. 155 y ss.) sobre los informes de la FAO en cuanto a exigencias calóricas mínimas. Un panorama conciso se encuentra en Ernest Feder, *Violencia y despojo del campesino: el latifundismo en América latina*, trad. Reyes Mazzoni, Siglo XXI, México, 1972, pp. 9-46.
129.   Ver P. I. Singer, *op. cit.*, pp. 91-99.

revolución tecnológica; en su *performance* más alta —el caso argentino— sólo asoció una productividad muy elevada por trabajador con bajos rendimientos por unidad de superficie; en los demás países ambos coeficientes fueron por lo general débiles y tendieron a declinar en el largo plazo.

La dinámica de la economía exportadora reposó pues en la *incorporación de factores*: tierras y yacimientos por una parte, mano de obra por otra. Nada tiene de extraño entonces que los beneficios de un proceso de este tipo se concentraran en aquellos grupos y clases sociales que detentaron el control de los recursos incorporados. La innovación tecnológica jugó un papel secundario y subordinado; cuando tuvo algún significado, como en la agricultura argentina de la región pampeana, en las actividades mineras, o el ya mencionado ejemplo de los ferrocarriles, ésta asumió también el carácter de incorporación; siempre estuvimos lejos del vigoroso impacto multiplicador de la tecnología típica de las economías altamente industrializadas.

El agotamiento de los recursos explotados —total en ciertos casos como el guano o algunos minerales, cierre temporal de la frontera y rendimientos decrecientes en la agricultura— tampoco ha presionado hacia innovaciones tecnológicas significativas. Se han sustituido recursos agotados por otros de naturaleza parecida (del guano al cobre o la harina de pescado), se han habilitado nuevas zonas (región del Petén en Guatemala, faja de la selva amazónica en Perú y Ecuador, etc.). La frontera agrícola, entendida como la ocupación *efectiva* de todo el territorio cultivable, sólo se ha cerrado en países pequeños como algunos del Caribe y la América central. La explosión demográfica no deja de ser funcional a esta *mise en valeur,* que reproduce, en esas áreas ganadas a la selva o la montaña, una rudimentaria agricultura de subsistencia basada casi siempre en la roza o actividades de exportación no menos extensivas.[130]

El costo social de este patrón de crecimiento es difícil de medir con precisión; si se plantea en términos ecológicos y en

130. Sobre los diferentes tipos de frontera en la historia de América latina, ver el reciente estudio de Alistair Hennessy, *The Frontier in Latin American History,* Edward Arnold, Londres, 1978.

función de las necesidades futuras es obvio que sólo se puede calificar como abrumador. En los países desarrollados la revolución industrial no sólo ha degradado considerablemente el medio ambiente; también ha provisto los medios necesarios para controlar y aún evitar esa degradación. Difícilmente puede decirse lo mismo para el caso de América latina.

3.   Explorando el modelo de acumulación

Llamamos acumulación al «proceso de ampliación de la cantidad de medios de producción juntamente con el aumento de la cantidad de fuerza de trabajo empleada».[131] El proceso de producción se desenvuelve en ciertas condiciones técnicas que dan lugar a un *nivel de productividad* definido como «la cantidad de producto obtenida por unidad de trabajo invertida con el consiguiente consumo de medios de producción».[132] El concepto de acumulación, entendido por lo general como acumulación de capital (es decir, de medios de producción, sin incluir la fuerza de trabajo), juntamente con los de inversión y formación de capital, ocupan un lugar de primera importancia en la teoría del crecimiento económico.[133] Intentaremos ahora una exploración en este terreno, pleno de sombras y dificultades.

La agricultura de exportación creció, en forma sostenida, adicionando básicamente tierra y fuerza de trabajo; el nivel de productividad fue constante al principio y decreció con el transcurso

131.   Oskar Lange, *Teoría de la reproducción y la acumulación,* trad. M. Bustamante y otros, Ariel, Barcelona, 1970, p. 13.

132.   *Op. cit.,* p. 11.

133.   Celso Furtado (*Teoría y política del desarrollo económico,* trad. F. Oliveira y M. Soler, Siglo XXI, México, 1962², p. 47) observa: «...el proceso de acumulación ofrece tres aspectos distintos: el ahorro de recursos, la incorporación de esos recursos al proceso productivo (inversión) y la apropiación total o parcial del aumento de la productividad resultante de la acumulación, o sea, la transformación de la inversión en fuente de ingreso. Lo que configura la acumulación como proceso de «formación de capital» es la segunda de las fases indicadas. Por esto la teoría del desarrollo se concentra en el estudio de las decisiones relacionadas con la inversión, sin llegar por eso a descuidar los otros dos aspectos del proceso de acumulación».

del tiempo, pues el insumo tierra aumentó, necesariamente, al decrecer los rendimientos por unidad de superficie. El sistema no ha dejado de ser rentable, aun en coyunturas de precios internacionales desfavorables, porque la estructura social (sobre todo el sistema de propiedad de la tierra) que se consolidó en los procesos de transición (particularmente en los casos de abolición y de reforma liberal) aseguró una oferta abundante de tierra y de mano de obra. Pero ¿en qué consistió esta abundancia? En cuanto a la tierra basta mencionar la apropiación privada en un contexto en que la frontera agrícola puede extenderse con obras de infraestructura. La mano de obra resultó abundante porque la reproducción de la fuerza de trabajo fue asegurada, al menos durante un largo período, por la agricultura de subsistencia. En consecuencia, el sector de exportación solo tuvo que sufragar algunos costos «sociales» de reproducción como la represión (particular o estatal), la educación y los gastos en salud pública.

El sistema no creó presiones hacia el cambio tecnológico y se originó un círculo vicioso entre la abundancia de mano de obra y su descalificación. Por otra parte, el sector exportador crecía sin reinversiones importantes de los ingresos generados por las ventas en el exterior: la clave de la expansión residió entonces en los insumos de trabajo, incorporados a la tierra, y apropiados por el terrateniente. Como hemos dicho, no es extraño que un modelo de crecimiento con estas características concentrara fuertemente los beneficios, primero en los grupos exportadores (terratenientes, comerciantes e inversionistas extranjeros), y en segundo término en los sectores medios urbanos.

La agricultura de subsistencia conoció dos formas básicas de involución: el minifundio, asociado sobre todo a la transformación de las comunidades; los cultivadores migrantes que bajo diversas formas de tenencia precaria utilizan la roza en tierras de las haciendas o regiones aledañas, más raramente en zonas de frontera y condiciones de mayor independencia. Ambas formas de explotación agrícola expulsan mano de obra, vía el crecimiento demográfico, y se caracterizan por niveles de productividad constantes o (sobre todo en los minifundios) en declinación.

Hasta ahora hemos tratado de esbozar las líneas principales

de un modelo macroeconómico. Cabe indicar que en los últimos años se ha publicado una bibliografía, de mucho interés, que intenta esclarecer la racionalidad económica de las empresas agrícolas. En lo referente a los grandes propietarios [134] o los campesinos dependientes,[135] los resultados de estos debates en curso serán del mayor interés en cualquier formulación futura de un modelo del crecimiento económico de América latina. Para esta difícil tarea, un buen ejemplo a seguir se encuentra en la obra de Witold Kula,[136] varias veces citada, mucho más que en la copiosa literatura sobre la teoría del crecimiento.[137]

Podemos afirmar que el desarrollo industrial no alteró en forma significativa el patrón de crecimiento que acabamos de esbozar. La estructura económica se diversificó y ganó en complejidad, en un contexto de agudos desequilibrios y desigualdades. Una explicación de lo sucedido debe recurrir a por lo menos tres órdenes de factores: *a*) el sistema no crea su propia tecnología sino que la importa; [138] *b*) la industrialización no extiende su efecto

134.   Cf. Shane y J. Hunt, «La economía de las haciendas y plantaciones en América latina», en *Historia y Cultura,* n.° 9, revista del Museo Nacional de Historia, Lima, 1975, pp. 7-66; Guillermo Flichman, *La renta del suelo y el desarrollo agrario argentino,* Siglo XXI, México, 1977; Víctor E. Tokman, «Comportamiento empresarial y eficiencia de la agricultura en la Argentina», en *Política Económica en Centro y Periferia,* ensayos en homenaje a Felipe Pazos, compilado por Díaz Alejandro, Teitel y Tokman, F.C.E., México, 1976, pp. 505-539.

135.   Cf. Alexander Schejtman, «Elementos para una teoría de la economía campesina: pequeños propietarios y campesinos de hacienda», en *El Trimestre Económico,* n.° 166, 1975; pp. 487-508; Roger Bartra, *Estructura agraria y clases sociales en México,* ERA, México, 1976², como su título lo indica esta obra estudia también los terratenientes y propietarios capitalistas. En esta nota y la anterior, nos hemos limitado a señalar, entre una bibliografía muy amplia, los textos que consideramos más significativos.

136.   W. Kula, *Théorie Économique du Systeme Féodal,* Mouton, París-La Haya, 1970 (hay trad. cast. en Siglo XXI).

137.   Resumida en R. H. Hahn y R. C. O. Matthews, «La teoría del crecimiento económico: una visión panorámica», en R. H. Hahn *et al., op. cit.,* pp. 17-185. Cf. el interesante examen de los supuestos de la teoría del crecimiento efectuado en M. Kalecki, «La Théorie de la croissance dans les différents systemes sociaux», en *Scientia* (Milán), 1970, vol. 105, V-VI, pp. 145-150.

138.   Cf. M. Merhav, *op. cit.* Jorge M. Katz señala cómo, entre muchos efectos, las empresas multinacionales utilizan el sistema de patentes para asegurarse el mercado de importación del rubro en cuestión, con lo cual

GRÁFICO 13. — *Secuencia histórica del crecimiento del producto agrícola por trabajador rural masculino y del producto agrícola por hectárea de tierra cultivada, en Japón, Dinamarca y los Estados Unidos (1880-1965), por períodos quinquenales, comparada con datos para 1960 en 32 países (promedio 1957-1962)*

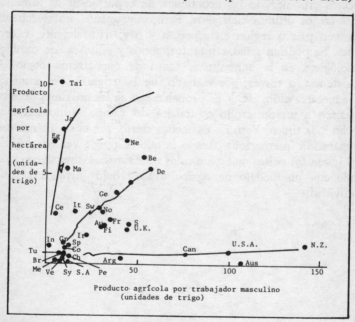

Producto agrícola por trabajador masculino
(unidades de trigo)

SÍMBOLOS:

Argentina, Arg	Alemania fed., Ge	Sudáfrica, S.A.
Australia, Aus	Grecia, Gr	España, Sp
Austria, Au	India, In	Suecia, S
Bélgica, Be	Irlanda, Ir	Suiza, Sw
Brasil, Br	Italia, It	Siria, Sy
Canadá, Can	Japón, Ja	Taiwán, Tai
Ceylán, Ce	Mauricio, Ma	Turquía, Tu
Chile, Ch	México, Me	Egipto, Eg
Colombia, Co	Holanda, Ne	Reino Unido, U.K.
Dinamarca, De	Nueva Zelanda, N.Z.	Estados Unidos,
Finlandia, Fi	Noruega, No	U.S.A.
Francia, Fr	Perú, Pe	Venezuela, Ve

FUENTE: Yujiro Hayami y V. W. Ruttan, *Agricultural Development: An International Perspective*, John Hopkins University Press, Baltimore y Londres, 1971, pp. 70 y 327-329.

14. — CARDOSO, II

renovador al sector agrícola (de exportación y de subsistencia); c) el control extranjero de la industria a través de poderosas firmas multinacionales.[139]

Los mecanismos y relaciones que se acaban de esbozar ilustran aspectos cruciales de las economías de exportación de América latina en los últimos cien años. Pero, obviamente, no se refieren a ningún país o región en especial, y hay, naturalmente, excepciones. Se podrían señalar intentos, serios y exitosos, de cambios tecnológicos en la agricultura, tanto de exportación como de subsistencia, a través, por ejemplo, de la irrigación, el aumento de la mecanización, etc. Y es probable que en las próximas décadas asistamos a un desarrollo capitalista del campo latinoamericano mucho más típico. Pero no es menos cierto que si se intenta una comparación internacional, como la que se puede ver en el gráfico 13, aun los países más avanzados de América latina siguen operando con un modelo de agricultura de bajos niveles de productividad.

«dichas patentes constituyen una fuerte barrera que bloquea el potencial desarrollo industrial y tecnológico de firmas locales», cf. Jorge M. Katz, «Importación de tecnología, gastos tecnológicos locales y crecimiento industrial», en Jorge M. Katz, *et al., Investigación, tecnología y desarrollo*, Editorial Ciencia Nueva, Buenos Aires, 1972, pp. 45-87, la cita en p. 58.

139. Con lo cual se agudiza la concentración del ingreso en grupos privilegiados urbanos al difundir un consumo típico de las economías altamente desarrolladas, cf. Celso Furtado, *Prefacio a una Nueva Economía Política,* trad. Stella Mastrangelo, Siglo XXI, México, 1978, pp. 101-162, en especial, pp. 133-143.

ÍNDICE DEL TOMO II